Limones

Título de esta obra en inglés:
LEMONS. Hundreds of household hints
versión autorizada en inglés por: Flame Tree Publishing
Crabtree Hall, Crabtree Lane Fulham, London SW6 6TY

© Flame Tree Publishing, 2011
ISBN 978-0-85775-262-8

División Administrativa
Av. Río Churubusco 385, Col. Gral. Pedro María Anaya, C. P. 03340,
México, D. F. Tel. 56884233, FAX 56041364 churubusco@trillas.mx

División Logística
Calzada de la Viga 1132,C. P. 09439, México, D. F. Tel. 56330995, FAX 56330870
laviga@trillas.mx

 Tienda en línea
www.etrillas.mx

Miembro de la Cámara Nacional de la Industria Editorial Reg. núm. 158

Primera edición en español, octubre 2014
ISBN 978-607-17-2062-7

Impreso y encuadernado en China

Las imágenes de las páginas 151 a 181 son de © Foundry Arts. El resto de las imágenes son cortesía de Shutterstock.com © y las siguientes aportaciones: 1 & 102 Viktar Malyshchyts; 3 & 10 & 109t maragu; 5l & 19b & 128 Robin W; 5r & 131t, 115 Yuri Arcurs; 6 ODM; 7 Igor Dutina; 8 Magdalena Bujak; 9 Colour; 11 Olaf Speier; 13 Tischenko Irina; 14 Ziga Cetric; 15, 41, 106, 130t matka_Wariatka; 17 maria17; 18 Elena Ray; 19t Konstantin Sutyagin; 21 Itinerant Lens; 22t Senol Yaman; 22b Tamara Kulikova; 23r Natalia D.; 23l tan4ikk; 24 fredredhat; 25 Taratorki; 26 Cheryl E. Davis; 26 mates; 27t Alistair Cotton; 27b Evgeny Tomeev; 28 Dmitry Naumov; 29 Sandra Cunningham; 31 Elena Elisseeva; 32 Yurchyks; 33b Joe Gough; 33t ronstik; 34 Sam72; 35 VVO; 36 Katerina Havelkova; 37 Grauvision; 39 Ambient Ideas; 40b 5eDmi; 40t trailexplorers; 42 zirconicusso; 43b cosma; 43t Joe Cox; 45b John Kasawa; 45t Vasily Topko; 46 ID1974; 47 terekhov igor; 49, 140t Mike Flippo; 50 Cattallina; 51 Ivaschenko Roman; 52t ostill; 53 Blend Images; 54 Africa Studios; 55t David W. Leindecker; 55b Vladimir Melnik; 56 & 192 Graeme Dawes; 57 Joy Brown; 59 Svetlana Larina; 60 ER_09; 61l Adisa; 61r Jackiso; 62 Balazs Justin; 63 imagestalk; 64 Martin Novak; 65b, 104 marilyn barbone; 65t Wiktory; 67 Nessi; 68b Fong Kam Yee; 68t Subbotina Anna; 69 Dave Allen Photography; 70 Jorg Hackemann; 71t Liliya Kulianionak; 71b psnoonan; 73 Lusoimages; 74 guigaamartins; 75 Annette Shaff; 76 Sashkin; 77 Studio Barcelona; 79, 83, 87 Valua Vitaly; 80 Artpose Adam Borkowski; 81 PixAchi; 82l kzww; 82l sergojpg; 84 Ariusz Nawrocki; 85l nastiakru; 85r Penny Hillcrest; 86 Quayside; 88 Phil Date; 89 Lana K; 90 Yuganov Konstantin; 91 vgstudio; 92 Irina1977; 93 Ivanova Inga; 94t Rick P Lewis; 94b Tania Zbrodko; 95 Margaret M Stewart; 97 Elena Kharichkina; 98r dionisvera; 98l Kalim; 99 Goodluz; 100 Vadim Ponomarenko; 101b aspen rock; 101t Leah-Anne Thompson; 103 Ienetstan; 105 Stuart Miles; 107t AISPIX; 107b Vinicius Tupinamba; 108 NatalieJean; 109b Ronald Sumners; 110 librakv; 111, 135, 147 Lilyana Vynogradova; 112, 144 Christopher Elwell; 113 sixninepixels; 114 Juri Arcurs; 116 artur gabrysiak; 117 Gorilla; 118t newphotoservice; 118b Selecstock; 119 Blaj Gabriel; 120 Christian Delbert; 121 wavebreakmedia ltd; 122 design56; 123 Volosina; 124t Andrei Mihalcea; 124b Piotr Marcinski; 125 Volodymyr Burdiak; 126t BeaB; 126r Faiz Zaki; 127l Brooke Becker; 127r kiboka; 129 imagestalk; 130b kostudio; 131b Sandi; 132 Donald R. Swartz; 133 inacio pires; 136t Paul Reid; 137 area381; 138t Olga Utlyakova; 139t Elzbieta Sekowska; 140b tacar; 141 Paul Cowan; 142t Marie C Fields; 142b Peter zijlstra; 143t B.G. Smith; 143b Gemenacom; 145 buriy; 146 Elke Dennis; 148 Monkey Business Images; 149 trgowanlock; 182 Hallgerd; 183 iofoto; 185t James Steidl; 185b Victor Newman; 186 stavklem; 187 Dino O.; 188 Jiri Hera; 189 jurasy.

Limones

CIENTOS DE USOS EN EL HOGAR

Diane Sutherland • Jon Sutherland

Traducción: Tania Martínez Robles

EDITORIAL TRILLAS

México, Argentina, España,
Colombia, Puerto Rico, Venezuela ®

Índice de contenido

Introducción

El limón, con su olor cítrico inequívoco, es muy versátil. Es valorado como una fruta que preserva y condimenta los alimentos, sin embargo, también tiene un enorme potencial en el hogar; como un producto de belleza, por sus beneficios para la salud y la limpieza natural. Es posible usar cada parte del limón; pues el jugo es rico en ácidos y azúcares naturales, y por generaciones éste ha sido usado como un remedio para enfriamientos y tos, así como para aliviar quemaduras leves y erupciones de la piel.

El árbol de limón

El Citrus limon, o limonero, de hoja perenne, era originalmente nativo de Asia, particularmente de la India, Birmania y China, hoy, el árbol se cultiva en toda Europa y en

muchos otros climas subtropicales, incluyendo Arizona y California en
Estados Unidos. Su forma, su olor fresco y su fruto es popular en todo
el mundo, tiene la ventaja de que da frutos durante todo el año
y el cultivo selecto ha creado decenas de variedades.

El limonero necesita calor y sol, un buen drenaje y riego
constante. Los árboles cultivados se podan regularmente para
estimular a las abejas, ya que ellas son esenciales para la
polinización de las flores.

La versatilidad del limón

Aunque los limones se utilizan comercialmente
para la producción de refrescos y alimentos
condimentados, a menudo su uso en el hogar se
limita a los alimentos y bebidas. Pero los limones
fuertes y picantes, y particularmente el jugo de la fruta,
tienen mucho más que ofrecer que sólo rebanarlo y colocarlo
en un vaso de gin tonic.

A pesar de tener un sabor un tanto amargo, los limones
son increíblemente buenos para nosotros, ya que contienen
vitamina C, nutrientes saludables y fibra. De hecho, cada parte
del limón tiene algo que ofrecer, tienen ácidos orgánicos y
aceite de limón en la cáscara, fibra y antioxidantes en la médula,
vitaminas, ácidos, minerales y aceite de limón en la pulpa, sales y
limolina en las semillas.

El término "súper alimento" es conocido pero, como las tendencias cambian, varias
frutas y verduras son elogiadas como la segunda mejor opción. En cambio, el limón es
consistentemente único por su versatilidad.

Nutrientes

Los limones son una de las mejores fuentes de vitamina C, un limón al día sería suficiente para cubrir nuestras necesidades diarias de este nutriente. También contienen pequeñas cantidades de vitaminas B y E, además de mínimas cantidades de proteínas y grasas.
Un limón de tamaño mediano tiene muy poca azúcar, 15 calorías, minerales, incluyendo calcio, cobre, hierro, manganeso, magnesio, potasio, fósforo, selenio y zinc.

En la fibra del limón, la celulosa es la que absorbe el agua, por ello es un excelente diurético. La pectina de la fibra en particular, es eficaz para ayudar a nuestro cuerpo a absorber el calcio, reducir la absorción de colesterol y suprimir su producción. Los antioxidantes del limón previenen que el colesterol y las grasas del cuerpo se oxiden debido a los radicales libres. Las grasas oxidadas envejecen la piel, nos hacen más propensos a las quemaduras solares y las infecciones, permiten la formación de piedras en la vesícula, nos causan presión arterial alta y afectan nuestra vista. El limón es el único de los cítricos que es capaz de proteger nuestro ADN de los daños, debido a su alto contenido de vitamina C.

Beneficios de belleza

Cada limón contiene algo que también nos ayuda en nuestro régimen de belleza. Podemos usar el jugo para aclarar el pelo o hidratar y limpiar nuestra piel, además, las uñas se

beneficiarán con un baño en jugo de limón. Los limones se utilizan en los aceites para masajes, cremas hidratantes, tónicos, desodorantes, limpiadores y exfoliantes.

Herramienta invaluable en el hogar

No sólo son los beneficios para la salud hacen al limón una fruta increíble. Los limones son muy útiles para muchas tareas del hogar, desde refrescar el aire hasta la limpieza y el pulido, la desinfección y eliminación de manchas e incluso para hacer frente a los molestos insectos. Combinando el limón o su jugo con otros recursos del hogar, como el bicarbonato de sodio o la sal, se crea un producto de limpieza barato y eficaz.

El olor a limón

Los limones tienen un aroma inconfundible y su distintivo sabor proviene de los ácidos que contienen, otras plantas tienen un aroma similar, como la hierba de limón, cedrón o bálsamo de limón y también existen variedades de limón con aroma de las hierbas más populares, como la menta, la albahaca y el tomillo.

No sólo podemos utilizar las propiedades físicas del limón, ya que también es útil el aroma que proporciona, por ello el limón es un aditivo popular para muchos productos de limpieza disponibles. Hay algo inconfundible, fresco, limpio y muy atractivo en ese olor a limón.

Todo sobre los limones

¿Qué lo hace un limón?

La forma y el color del limón hace que se distinga de otros cítricos como la naranja, toronja y lima. El fruto del árbol de limón comienza su vida como una flor blanca, delicada y popular para ramos de novia por su aspecto blanco puro. El pigmento del limón se encuentra en la cáscara y por eso la fruta madura cambia de verde a un amarillo vibrante. Todas las partes del limón contienen sustancias benéficas para la salud, de hecho más que las demás frutas.

Estructura y elementos

Capas

La estructura del limón se compone de cuatro partes: la cáscara, la médula, la pulpa y las semillas. La piel, o cáscara, es la capa exterior de color amarillo brillante, la cual, puede variar en espesor dependiendo de la variedad. La médula es el revestimiento blanco interior y fibroso de la cáscara, y la pulpa es el interior segmentado de la fruta que produce el jugo. Las amargas pepitas son las semillas blancas que aparecen en la pulpa.

La fibra dietética

La cáscara, las semillas y la pulpa contienen fibra dietética. Esto también se conoce como fibra y puede ser de celulosa o pectina. La fibra de celulosa ayuda al cuerpo a prevenir el estreñimiento o la diarrea mediante la absorción de agua durante el proceso digestivo,

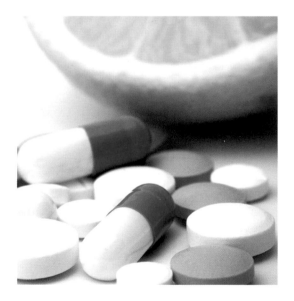

la pectina, que es también un antioxidante, estimula las bacterias buenas en el intestino, ayuda a la absorción del calcio, estimula la absorción de colesterol y contribuye en la eliminación de las células que forman el cáncer de intestino.

Los antioxidantes y nutrientes

El ácido ascórbico contenido en los limones, es una excelente fuente de vitamina C, esencial para la sana formación de los huesos, los vasos sanguíneos y la piel. Un pequeño limón puede contener suficiente ácido ascórbico para proveer nuestras necesidades diarias. La vitamina C y el calcio se encuentran en el jugo, el cual debe estar recién exprimido para preservar sus nutrientes. Los antioxidantes evitan que las grasas del cuerpo, tales como el colesterol, se dañen por oxidantes perjudiciales. La cáscara y la médula contienen hierro.

El aceite de limón

Se extrae de la cáscara del limón y huele "muy a limón". Se utiliza como un aceite esencial y puede mezclarse con otros aceites para producir un gran número de productos de belleza y de limpieza para el hogar. Tiene también beneficios para la salud, debido a sus propiedades antibacteriales, antivirales y antifúngicos, así como por ser un antiinflamatorio. Se utiliza en combinación con otros aceites para aromaterapia y se dice que es calmante y relajante, con propiedades sedantes, y que incluso mejora la concentración.

Ácidos del limón

A diferencia de muchas otras frutas, los limones contienen poca azúcar, por lo que no son dulces; el sabor amargo o agrio proviene de sus ácidos: el ácido ascórbico, ácido cítrico y ácido glucárico.

El ácido ascórbico es esencial, el ácido cítrico ayuda a la piel a retener el agua y auxilia al cuerpo para mover el exceso de agua de los tejidos en el torrente sanguíneo, lo que permite el libre flujo. El ácido glucárico tiene propiedades de prevención para diferentes tipos de cáncer: intestino, mama, próstata y cáncer de colon; reduce el colesterol malo y previene el síndrome premenstrual.

La historia de los limones

Existen alrededor de 50 especies diferentes del árbol de limón, el cual se cultiva desde hace 2500 años. En Asia se hizo popular por sus cualidades antisépticas y se utilizó como antídoto para algunos venenos. El árbol de limón fue llevado a Europa, principalmente durante la época romana, y después a los estados árabes y hacia América a finales del siglo XV. En un principio fue usado ornamentalmente, pero en el siglo XVIII sus propiedades culinarias comenzaron a apreciarse.

Al principio

Asia tropical

Los limones cultivados en zonas tropicales de Asia eran probablemente mucho más pequeños y con cortezas más gruesas que las que conocemos hoy día. De hecho, los limones no eran especialmente populares y frecuentemente eran asociados con creencias supersticiosas. En algún momento los limones no se consideraban buenos para la salud, pues era inapropiado que lo consumieran los niños, las madres lactantes o los ancianos. Aunque los romanos pintaron limones en sus mosaicos, no está claro si cultivaban o utilizaban la fruta.

Cristóbal Colón

Después de establecerse en Irak, China y el Medio Oriente en el siglo XII y en Europa en el siglo XV, Cristóbal Colón llevó las semillas del limón a América, de Europa al Nuevo Mundo

en 1493. Los limones y otras frutas con vitamina C fueron importantes para los mineros que participaban en la fiebre del oro de California (1848-1855), ya que prevenía el escorbuto. En 1747, el cirujano naval James Lind administró limones y naranjas a los marineros que sufrían de esa enfermedad.

Órdenes del almirantazgo

En 1795, siguiendo la obra de James Lind, el almirantazgo británico ordenó para todos los buques un suministro de cítricos, de manera que cada marinero tuviera una onza cada día, como su principal suplemento de vitamina C. Tuvo un efecto dramático, la salud de los marineros a quienes se les dio el jugo fue mucho mejor en comparación con los que no lo consumieron.

La propagación del limón

Los holandeses introdujeron el árbol de limón a Sudáfrica y los ingleses lo llevaron a Australia a finales del siglo XVIII. Durante 100 años, se cultivó en grandes cantidades en Estados Unidos y en países del Mediterráneo. Hoy, una cuarta parte de los árboles de limón cultivados en el mundo se encuentran en California; otros grandes productores son Argentina, Grecia, Italia, España y Turquía.

¿Por qué un clima subtropical?

Tráeme brillo de sol

Debido a que los árboles de limón necesitan calor y luz solar, prosperan en climas subtropicales, aunque pueden cultivarse en un invernadero en los países que no cuentan con las condiciones de clima cálido. Para un crecimiento ideal se requiere un buen drenaje, por lo que se elige a menudo un terreno ligeramente inclinado. Las abejas polinizan las flores del árbol de limón y esto estimula a la fruta para formarse, por lo que un área sin viento es ideal, ya que la abeja tiene la oportunidad de descansar y polinizar. El mantillo, alimentación regular y poda, ayudan a mantener el árbol de limón en las mejores condiciones para soportar cantidades abundantes de fruta. El riego es de vital importancia, para que el árbol dé fruto suculento y jugoso.

Limones de cosecha

En climas subtropicales, el limonero se puede cosechar varias veces al año, a diferencia de otros árboles de cítricos, que tienden a florecer sólo en invierno y primavera. Cuando está listo para ser recogido se corta en el tallo, justo por encima de la fruta, y no se lava. Esto ayuda a preservarlos y los protege de la formación de moho y hongos.

Abastecimiento y uso de limones

Si usted no vive en un clima subtropical, entonces lo más probable es que tendrá que confiar en su frutería o supermercado local como la fuente del producto. Tristemente, usted no experimentará el deleite de cortar uno de un árbol, pero eso no significa que no pueda tener algunas tácticas simples para elegir el mejor. Con más de 13 millones de toneladas de limones que se producen cada año en el mundo, usted podrá obtener algunos.

¡Sea exigente!

Sólo el mejor lo hará

Si compra los limones en un puesto del mercado, una recaudería o un gran supermercado, debe tocar la fruta que va a comprar. Opte por la piel suave, que implica menos cáscara y más pulpa, lo que significa más jugo. Si el limón es pequeño pero bastante pesado, es que está lleno de pulpa y jugo. Ignore cualquier fruta que tenga defectos, se vea marchita o esté esponjosa cuando la apriete suavemente en la palma de la mano.

Color y apariencia

Elija un color amarillo intenso, que sea firme al tacto (pero no demasiado duro), no muy grande en cada extremo y que no muestre daños. Los limones magullados o dañados, no duran porque son susceptibles al moho. Un limón de buena calidad debe sentirse grasoso, pero fino y suave de piel.

¿Con o sin cera?

Con cualquier cantidad de pesticidas, fungicidas, insecticidas, bactericidas y conservadores que son rociados durante el proceso de crecimiento, la mejor opción es elegir un limón orgánico sin cera. Esto es particularmente importante si usted va a utilizar la cáscara de limón, normalmente, los orgánicos y sin encerar, no contienen pesticidas en las distintas etapas del crecimiento o proceso de transportación. Esto asegura que la cáscara se deja sin tratamiento y que ningún pesticida o cera ha penetrado en la pulpa del limón. Si no está seguro acerca de si los limones han sido encerados o no, lávelos bien antes de usarlos, al menos eliminará cualquier sustancia en la cáscara.

Cómo almacenar sus limones

En el refrigerador

Los limones enteros pueden conservarse en una bolsa de plástico en el refrigerador hasta por 10 días, o más, se comenzarán a encoger y deshidratar cuando ya no estén frescos. Si no tiene refrigerador, una habitación oscura y fría es un buen sustituto.

Congelación

No intente congelar un limón entero, pues una vez descongelado sólo sería útil para puré, o en el mejor de los casos para ser picado. Sin embargo, puede congelar el jugo y la cáscara.
Llene las charolas de hielo con jugo para que congele porciones de recetas; para dar a sus cubitos de hielo un toque fuerte y picante, agregue unas gotas de zumo de limón al agua antes de la congelación.

Tiras, cáscaras y cuñas

La cáscara de limón puede refrigerarse dentro de una bolsa hermética o con papel film, las tiras de la cáscara pueden congelarse, al igual que las rebanadas o rodajas.

Usando sus limones

¡Todo está en la preparación!

Si está utilizando un limón encerado para cocinar, es aconsejable lavarlo con agua limpia y caliente antes de comenzar su preparación. Se trata de quitarle los pesticidas que pueden haber sido rociados en la fruta para ayudar a preservarlo. Si lo prefiere hierva una tetera y llene un recipiente con agua caliente, después sumerja el limón durante 30 segundos para disolver la cera. Independientemente del método que utilice, recuerde enjuagar el limón bajo el chorro de agua fría, antes de utilizarlo.

Exprimiendo un limón

Para obtener el máximo jugo de un limón almacenado, saque la fruta de la nevera con tiempo suficiente, pues un limón a temperatura ambiente le proporcionará mucho más jugo que uno que se ha mantenido en el refrigerador. Un limón mediano proporciona de dos a tres cucharadas 30-45 ml de jugo.

Otro consejo es que meta el limón en el microondas durante 10 o 15 segundos, o ruede el limón con la mano sobre la superficie de trabajo. Ambos métodos ayudarán a producir más jugo de limón, ya que las membranas de la pulpa se rompen.

El jugo de un limón se obtiene de innumerables maneras. Puede usar sus manos, siempre y cuando sean lo suficientemente grandes y fuertes. Los exprimidores de jugo de limón manuales vienen en vidrio, metal o plástico. Éstos tienen una tapa acanalada y una bandeja para recoger las semillas e incluyen un colector para el jugo, también se encuentran versiones eléctricas del exprimidor de cítricos.

Otra opción es comprar un "exprimidor de cítricos", que es una versión portátil del exprimidor clásico de madera, metal o plástico, se presiona el extremo cónico en los exprimidores de limón, que a menudo son llamados "trompetas de cítricos". La parte superior acanalada se atornilla en el limón y se hace girar para obtener el jugo, el cual se vierte fuera del extremo en forma de trompeta.

Cuñas

El término *cuñas de limón* se relaciona con trozos de limón o un limón que ha sido cortado en cuatro, se utilizan para acompañar el pescado, la carne o platos de verduras y se exprimen sobre éstos o se agregan a las bebidas. La forma de cuña ayuda a que el jugo no se rocíe por todas partes cuando se exprime el limón.

Para conseguir la cuña perfecta se corta el limón por la mitad de forma longitudinal para obtener cuatro partes, a cada parte se le corta la punta de los extremos para dar un aspecto más personalizado. Trate de no quitar nada de la pulpa del limón, sólo los extremos salientes, con un cuchillo afilado retire parte de la zona blanca que se acumula en el centro de la pulpa, aproveche para retirar las semillas visibles. Divida cada mitad del limón en dos trozos o tres si el limón es grande, puede preparar las cuñas antes de servir la comida y almacenarlas en el refrigerador, cubiertas con papel film.

Embrollar, cortar y torcer

Embrollar un cítrico implica el uso de un mortero de mano para presionar hacia abajo el limón o la lima. Esto aplasta la fruta, liberando el jugo y algunos de los aceites que se encuentran en la cáscara o piel. Para embrollar un limón se debe cortar en cuartos, y presionarlos, usando el mortero de mano, hasta obtener todo el jugo posible.

Para preparar las rodajas, el limón debe cortarse a lo largo y por la mitad, después se colocan sobre una tabla de cortar con el lado de la fruta hacia abajo, y con un cuchillo afilado se hacen rebanadas de unos 5 mm ($\frac{1}{5}$ de pulgada) de espesor.

Un toque de limón también se utiliza para servir bebidas, en especial cocteles. Corte los extremos del limón y retire la pulpa usando una cuchara, guarde la pulpa, ya que se puede almacenar en el refrigerador para un uso posterior. Rebane la cáscara de limón a lo largo y en tiras de 6 mm (¼ de pulgada) aproximadamente de espesor. Al servir la bebida, frote el interior de la copa con la cáscara de limón y luego exprima la tira como un sacacorchos. Deje el limón en el borde de la copa o en la bebida.

Ralladura de limón

La ralladura se obtiene de la piel de color amarillo brillante y no la parte blanca que lo recubre, tiene un sabor fuerte. La médula es amarga, aunque tiene cierto valor nutritivo y es un saborizante ideal para muchas recetas.

Se puede realizar utilizando un rallador convencional, pero elija la opción más fina y cepíllela con una brocha de pastelería. El rallador corta hebras largas y finas a través de sus orificios diminutos. Si no se tiene un rallador o parrilla, use un pelador de verduras o un cuchillo pequeño y afilado.

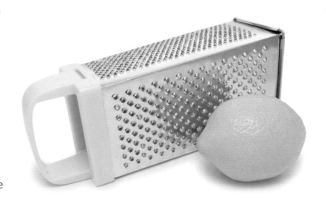

Retire una tira de la piel de limón con cuidado y asegúrese de tomar solamente la capa amarilla, quite la médula de la parte inferior de la cáscara.

Limpieza y lavandería

Limpieza del hogar

La mayoría de los detergentes y los productos de limpieza general para el hogar son caros y llenos de productos químicos. El limón es un producto natural, orgánico, amigable con el medio ambiente y el perfecto sustituto para muchos de estos productos de limpieza dañinos. Los limones son un recurso increíblemente útil y que puede usarse en gran variedad de tareas en el hogar. Cuestan justo una fracción del precio y son mucho mejor para su salud, y ¡huelen bien!

Soluciones de limpieza en general

Acumulación de minerales y cal

Los limones son excelentes para remover la acumulación de depósitos de cal alrededor de los fregaderos de acero inoxidable y juntas de drenaje. La cáscara de limón ayuda a mantener los grifos de cromo libres de cal. Todo lo que tiene que hacer es cortar un limón por la mitad y frotarlo sobre la zona afectada, deje que actúe por lo menos durante un minuto y luego enjuague con agua fría, pula con un paño suave y seco.

Precaución: no use jugo de limón o su cáscara en grifos dorados, esto puede hacer que se manchen.

Desinfectante

Para matar las bacterias sin tener que limpiar los residuos dejados por los productos de limpieza, ¿por qué no utilizar un limón?, sus ácidos matan las bacterias, que no sobreviven en un ambiente ácido. El jugo de limón puede desinfectar encimeras de cocina, tablas de cortar, fregaderos, lavabos de baño y otras superficies; mata las bacterias de forma natural y deja una fragancia fresca.

¿Por qué no prueba añadiendo una pequeña cantidad de jugo de limón al agua potable para garantizar que las bacterias no sobrevivan ahí?

Desengrasante

El jugo de limón puro es una manera de deshacerse de la acumulación de grasa; aplíquelo generosamente sobre la zona afectada, deje actuar un tiempo para cortar la grasa, y tiene la ventaja del olor fresco de los limones. La limolina es el aceite esencial del limón, que es lo que elimina la grasa y también tiene propiedades antibacterianas.

Muebles y superficies

Sartenes de cobre opaco, aluminio y latón

¿Sabe cómo las ollas y sartenes pueden quedar desmanchadas rápidamente, particularmente las de cobre? Bien, no es necesario estar de pie y pulirlas durante horas.

Sólo necesita limones y sal, aunque también puede sumergir la mitad de un limón en un poco de bicarbonato de sodio. La sal y el bicarbonato de sodio son abrasivos suaves y el ácido del limón elimina las manchas para recuperar el brillo. Enjuague con agua fría y pula con un paño seco y suave.

Puede hacer una pasta para recubrir una cacerola de cobre o latón muy manchada, mezcle 50 ml (¼ de taza) de sal de mesa común y humedézcala con suficiente jugo de limón para hacer una pasta firme. Deje reposar durante 10 minutos y luego úntela en sus ollas y sartenes; después, sólo enjuague con agua caliente del grifo normal y seque con un paño limpio y seco. Puede repetir tantas veces quiera, sin dañar la olla.

Plata y latón pulido

Si usted desea conservar adornos o la mejor cubertería de la abuela, el jugo de limón y el bicarbonato de sodio le ayudarán a mantenerlos brillantes. Mezcle limón y bicarbonato de sodio en una pasta espesa y frótela en la plata o el bronce con un paño suave. Déjela actuar por cinco minutos y luego lave bien el adorno u orfebrería con agua caliente y detergente.

Otro remedio que se originó en Grecia para limpiar los cubiertos de plata es mezclar jugo de limón y detergente líquido, aplicando la mezcla directamente a los cubiertos con un paño suave. Se enjuaga y se pule con un paño limpio y seco.

Precaución: no deje la pasta por mucho tiempo en la plata, el ácido del jugo de limón puede causar picaduras.

Pulir muebles

La limolina en los aceites esenciales del limón disuelve los diferentes tipos de suciedad que se acumulan en los muebles de madera y mobiliario viejo: cera, huellas digitales, y polvo en general. Para hacer el pulidor de mobiliario, mezcle 250 ml (una taza) de aceite de oliva con 120 ml (½ taza) de jugo de limón recién exprimido y colado, después, colóquelo en un recipiente hermético para su conservación. Colar el jugo antes de mezclarlo asegura que no queden grumos residuales de la pulpa. Ahora aplique un poco de la mezcla sobre un paño limpio y pula los muebles de forma habitual. El jugo de limón es ideal para quitar la suciedad, pero el aceite de oliva da a los muebles un brillo encantador y los nutre; también se puede utilizar para dar brillo a los pisos de madera.

Limpiador de guitarra

La mayoría de los instrumentos de cuerda se pueden limpiar eficazmente con el aceite de limón que impide la acumulación de suciedad y llega a todas esas ranuras y hendiduras.

Precaución: no se utilice en las guitarras que están hechas de arce, éstas se sellan con barniz o recubrimiento de laca, que evita que la suciedad penetre y se acumule en los poros de la madera.

Ventanas y espejos

Se pueden frotar cuñas de limón sobre ventanas y espejos para limpiar y abrillantarlos eficazmente. Apriete la cuña de limón como si tallara para liberar un poco del jugo, luego limpie inmediatamente el cristal con un paño húmedo. Pula con un paño limpio y seco para darle brillo.

Cristal y porcelana

Para quitar la acumulación de depósitos calcáreos en porcelana y cristal, prepare una solución de agua y jugo de limón. Utilice los dos ingredientes en cantidades iguales y deje esta solución en una taza o vaso por varias horas, después lávelo normalmente con agua caliente y detergente. Este remedio también ayuda a eliminar las manchas persistentes que se acumulan en las tazas de té y café.

Funciona en todo tipo de pisos

Los pisos se limpian eficazmente con la combinación de aceite de limón y otros productos naturales. Para una mezcla simple, añada cuatro cucharadas de vinagre blanco a una cubeta de agua caliente y 10 gotas de aceite de limón antes de fregar el suelo de forma normal.

Los pisos de cerámica, los de madera y laminados, se pueden limpiar con una combinación de aceite de limón, agua, vinagre blanco y dos aceites esenciales a su gusto, por ejemplo, aceite de árbol de té y lavanda, geranio o bergamota. Para crear este oloroso y efectivo limpiador de pisos, mezcle 250 ml (una taza) de vinagre blanco y agua; agregue cinco gotas de aceite de limón y de otros dos aceites esenciales. Puede utilizar una botella rociadora para aplicar ligeramente la mezcla en el piso antes de trapear o limpiar con un paño limpio, preferiblemente libre de pelusa.

Limpiador de metal

Puede limpiar el metal disolviendo sal en el jugo de limón caliente (para el jugo de un limón use una cucharada de sal) y luego aplique la mezcla con un paño en el objeto por limpiar. Enjuague bien y seque con un paño limpio y suave.

Otra opción es empapar un paño limpio en el jugo de limón y sumerjirlo en un poco de sal antes de frotar sobre el metal, si no utiliza un paño, puede cortar un limón por la mitad, añadir sal y aplicar directamente al metal. Cualquiera que sea el método que elija, asegúrese de enjuagar bien el metal y secar con un paño limpio.

Limpiador de mármol y marfil

Si tiene cubiertas de mármol o piezas de muebles acabadas en este material, sabe que pueden mancharse, y lo difícil que es eliminar esas manchas. Corte un limón por la mitad y aplique un poco de sal, use esto para quitar la mancha, pero asegúrese de enjuagar el jugo de limón de la superficie perfectamente.

Lo mismo se aplica a las superficies de marfil, como teclas de piano o mangos de cuchillos. Para blanquearlos y quitar lo amarillento, frote con jugo de limón diluido en una cantidad igual de agua. Aplique esta mezcla con cuidado para que no entre en las partes metálicas del piano, seque con un paño limpio y suave.

Precaución: las teclas de pianos antiguos estan hechas de marfil y éste reacciona al medio ambiente, si trata de eliminar la coloración amarillenta, puede reducir el aspecto antiguo y por tanto, el valor del piano.

Eliminación de olores de las superficies de madera

Las superficies de madera, como cubiertas de cocina y tablas de cortar, pueden albergar gérmenes nocivos y absorver una gran variedad de olores de los alimentos, como las cebollas, el pescado y el ajo. Frote generosamente medio limón sobre la superficie de madera, deje que el jugo se seque completamente y luego enjuague con agua fría, esto desinfectará la superficie y eliminará todos los olores desagradables.

Los muebles de madera también guardan olores, como el tabaco rancio; frote con la mitad de un limón para ayudar a eliminarlos.

Si sus muebles de madera tienen cajones, coloque un pequeño plato de bicarbonato de sodio mezclado con jugo de limón en el interior del cajón. Esto ayudará a neutralizar los olores persistentes.

Precaución: no utilice este remedio deodorizante en los muebles de madera muy pulida, pues el limón es demasiado ácido.

Cocina y baño

Nuestras cocinas y cuartos de baño pueden albergar bacterias y olores desagradables. Los limones son tan buenos en la desinfección, limpieza y eliminación de olores, que son la forma ideal y natural para mantener los aparatos y las superficies frescos y libres de gérmenes. Los limones son tan eficientes como los productos químicos caros y son mucho más amables con el hogar, sus habitantes y el medio ambiente en general. Continúe leyendo y sabrá lo que pueden hacer por los refrigeradores, lavavajillas y otros electrodomésticos y utensilios.

Electrodomésticos de cocina

Limpiador para lavavajillas

Aunque compre ambientadores y limpiadores para lavavajillas, la mitad de un limón le da el mismo resultado. Corte el limón por la mitad y colóquelo en uno de los dientes en posición vertical en el interior del lavavajillas. El ácido del limón eliminará la grasa del aparato y el olor a limón fresco persistirá durante varios ciclos.

Limpiador de microondas

Los olores rancios de comida pueden permanecer durante mucho tiempo en el microondas y se acentúan cada vez que se utiliza el aparato. Colocar una o dos rebanadas de limón en una taza de agua y encender el microondas a máxima potencia durante 30 segundos ayudará a limpiarlo. El limón se cuece al vapor en el microondas y todo lo que se requiere es un paño limpio y seco para limpiar el exceso de vapor.

Una forma alternativa de refrescar con eficacia el microondas es hacer una pasta con una cucharadita de vinagre blanco (50 ml) $\frac{1}{4}$ de taza de bicarbonato de sodio y seis gotas de aceite de limón. Aplique esta pasta a las superficies interiores del horno de microondas y después enjuague con agua fría. Si deja la puerta abierta del horno por un rato, el aire ayudará a secarlo, quedando limpio y libre de bacterias.

Derrames en la estufa

El jugo de limón es conocido por sus propiedades naturales de limpieza, pero cuando se mezcla con bicarbonato de sodio es muy potente, agregue agua tibia y extienda esta pasta sobre el derrame en la estufa. El bicarbonato de sodio es un abrasivo suave y el jugo de limón tiene grandes propiedades desengrasantes.

Enjuague bien para asegurarse de que en la superficie no queden restos de polvo y limpie en seco con un paño limpio.

Limpiador de horno

Utilice el bicarbonato de sodio y el jugo de limón en el interior del horno, debido al aceite de limón natural y el ácido, se impulsa el proceso de limpieza, mediante la disolución de la grasa.

Asegúrese de que el horno se enfríe por completo antes de aplicar la pasta de bicarbonato de sodio y limón. Las porciones para hacer la pasta ideal son dos cucharadas de bicarbonato de sodio en 250 ml (una taza) de agua. A esta mezcla agregue el jugo de un limón entero. Va a tener un horno limpio y una cocina con olor fresco.

Reductor de olor en el refrigerador

Si no ha dejado, por error, comida descompuesta en el refrigerador y aún así huele mal cada vez que abre la puerta, coloque la mitad de un limón en un plato pequeño en la parte trasera y esto ayudará a absorber el olor por un buen periodo. Así, cuando lo limpie, el trabajo no será tan desagradable.

Superficies y utensilios

Limpiador de gabinetes de cocina

Las marcas de dedos pegajosas y grasosas son, generalmente, las culpables de que las puertas de los gabinetes de la cocina se vean sucias, para limpiarlas y que parezcan nuevas, basta con una solución de jugo de limón y agua caliente. Use aproximadamente $\frac{1}{4}$ de taza de jugo de limón recién exprimido y una taza de agua caliente, agite y simplemente limpie con un paño limpio.

Limpiador de fregaderos y lavabos

Debido a que los limones tienen la propiedad de blanquear, son excelentes para eliminar manchas del fregadero de la cocina y el lavabo del baño. Además también son capaces de disolver los residuos de jabón y depósitos de cal, y de paso, desinfectan. Así que tienen muchos usos prácticos en un producto natural.

El ácido del limón es eficaz para eliminar los residuos de jabón acumulado. Utilice el jugo de limón puro y una esponja para cubrir la espuma de jabón. Déjelo actuar por un par de horas y enjuague con agua fría.

Frote la mitad de un limón sobre la tarja y los grifos, luego enjuague y seque con un paño limpio. Esto desinfectará y evitará la acumulación de cal. Es la manera de liberarse de un fregadero maloliente.

Si el fregadero o la unidad recolectora de basura instalados tienen una fuga, puede mantenerlos con olor fresco pasando la cáscara de limón a través de la unidad en su ciclo regular y enjuagando con agua. Así de fácil.

Limpie los platos sucios

Si sus platos necesitan una limpieza a fondo, no llegue a los estropajos, busque un limón. Haga una pasta con una cucharadita de vinagre blanco, $\frac{1}{4}$ de taza de bicarbonato de sodio y exprima el jugo de medio limón para depurar las manchas.

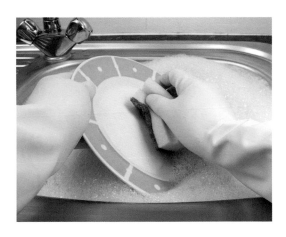

Alternativamente, sumerja la mitad de un limón en bicarbonato de sodio y úselo para hacer la limpieza. También, aunque con un poco de antelación, puede verter el jugo de limón puro sobre cualquier mancha de comida quemada y dejar el plato en remojo durante 10 o 15 minutos, cuando lo lave va a ser mucho más fácil, ya que el ácido del limón habrá ayudado a disolverla, por tanto, es probable que no tendrá que tallar para nada.

Limpie utensilios de cocina decolorados

Los utensilios de cocina, ya sean de acero inoxidable, de madera o plástico, pueden decolorarse y mancharse, por lo que puede usarse la misma pasta que se aplicó para limpiar los platos sucios.

Para pulir los utensilios de acero inoxidable, use jugo de limón puro mezclado con un poco de sal como su agente de pulido. Aplique una mezcla abundantemente y luego enjuague antes de pulir con un paño limpio y seco, se sorprenderá de lo que el jugo de limón hace para que los utensilios de cocina se vean brillantes.

Limpie contenedores de plástico manchados

Los limones y el sol son la respuesta para hacer que sus recipientes y contenedores de plástico manchados parezcan nuevos. Si sus cajas de plástico se han decolorado por dentro, entonces frote medio limón sobre su superficie interior. Asegúrese de hacer esto en un día soleado y deje el recipiente a plena luz del sol durante el mayor tiempo posible. Las suaves propiedades blanqueadoras del limón combinadas con la capacidad del sol para blanquear, hacen de esta combinación un quitamanchas realmente eficaz, también se puede utilizar en los utensilios de cocina de plástico.

Retire quesos blandos o alimentos pegajosos de un rallador

¿Alguna vez usa recetas que contienen alimentos que se pegan, como el queso fresco, y usted tiene que tratar de sacar todos los residuos que están atrapados en los agujeros del rallador? Bueno, la pulpa de limón es la respuesta. Frote la mitad de un limón sobre ambos lados del rallador después de preparar su comida y fácilmente quitará los residuos. Enjuague cuando haya terminado de ver que los residuos se alejan flotando por el desagüe.

Remueva manchas de frutas y bayas de las manos

Así que han estado recolectando fruta y acaban de llegar a casa. Todo el mundo tiene las manos moradas, están dispuestos a comer y comienzan a sentarse en sus sofás de color crema. El jabón y el agua caliente a menudo no quitan las manchas de frutas y bayas de las

manos, pero el jugo de limón puro sí lo hará. Exprima el jugo de limón en sus manos y frótelas durante unos minutos antes de lavarlas con agua y jabón. El jugo de limón levanta las manchas mucho más fácil que el jabón solo.

Por supuesto, puede limpiar sus manos de la misma manera, si se manchan mientras está preparando las bayas para su receta.

¡Retire manchas de baya de las cubiertas, también!

Si el jugo de la baya gotea la superficie de trabajo de su cocina, vierta el jugo de limón sobre las manchas, y luego espolvoree un poco de bicarbonato de sodio sobre él. Deje que esta combinación haga su trabajo por alrededor de una hora antes de fregar suavemente, después, enjuague la superficie de trabajo.

¡No se olvide del bote de basura en la cocina!

Todos tenemos uno, ya sea de metal o de plástico. Remplazamos las bolsas de basura y lavamos el cubo con frecuencia, pero de alguna manera parece albergar un olor propio. ¿Por qué no intenta poner un poco de cáscara de limón en el fondo para ayudar a liberar su cocina de ese olor a basura?

Baño

Limpiador de inodoros

Debido a que los limones son ácidos, son excelentes productos de limpieza antibacterianos y antisépticos. Todos sabemos que el cloro puede arruinar fácilmente la ropa si tiene la mala suerte de salpicar un poco al limpiar el inodoro.

El bicarbonato de sodio, el vinagre blanco y el jugo de limón son un remplazo perfecto para esos otros productos químicos cáusticos. Espolvoree un poco de bicarbonato de sodio en la taza del inodoro y déjelo durante media hora antes de fregar con un cepillo de aseo y lavado.

Elimine las manchas más rebeldes del tocador, tales como acumulación de depósitos calcáreos, espolvoreando el bicarbonato de sodio y luego un chorrito de vinagre blanco mezclado con jugo de limón. El vinagre blanco no huele tan bien por sí mismo, pero añadiendo el jugo de limón le da a su tocador un olor fresco.

Asientos de inodoro

Utilice bicarbonato de sodio en cualquier tipo de asiento de inodoro para deshacerse de las manchas. Si le agrega un poco de jugo de limón, la solución también refrescará todo el baño. Cuando haya terminado de limpiar los lados superior e inferior de la tapa del inodoro, se puede vaciar la solución restante en el retrete para una limpieza más a fondo.

Eliminación de residuos de jabón y espuma

La espuma de jabón se acumula en nuestro baño, ducha y lavabo. Es esa capa de color blanco o gris pálido horrible que se acumula como resultado del agua dura, el jabón y el polvo del hogar, y puede llegar a ser difícil eliminarla.

Use dos cucharadas de jugo de limón mezclado con 3 $^3/_4$ tazas de agua muy caliente, utilice un rociador para cubrir las capas de jabón y deje que actúe durante 10 minutos antes de limpiarlo con un paño limpio y húmedo. El ácido del jugo de limón corta la espuma de jabón. Funciona igual de bien en azulejos, ducha, lavabos y superficies de trabajo, brillarán y todo el baño olerá bien.

Si es necesario, aplique el jugo de limón puro sobre una esponja o un paño y lave, deje actuar por unas horas antes de enjuagar.

Lavandería

Puede verlos a todos mientras camina por la tienda: quitamanchas, blanqueadores de ropa, el detergente especial o tabletas de gel para ropa de color, suavizantes, etc. ¿No es irónico que a pesar de todo esto, el limón podría funcionar? Ya que éste es igualmente eficaz para la mayoría de los trabajos de lavandería. El jugo de limón puede quitar las manchas más difíciles, incluyendo el óxido y el moho, debido a sus increíbles propiedades blanqueadoras, la ventaja es que dejan la ropa con un rico olor y ahorra dinero al no gastar en productos caros.

Eliminar manchas y olores

"Refrescar" la ropa blanca

Algunos detergentes, dicen, que dejan más blanco, y eso se nota, pero probablemente no han utilizado los limones. El efecto blanqueador del jugo de limón puede realmente mantener sus blancos más blancos. Agregue jugo de limón a su ciclo de lavado normal. La cantidad que ponga en la lavadora, dependerá de la cantidad de ropa blanca que espera blanquear. Para un juego de blancos de cama completo, utilice el jugo de uno o dos limones, pero para un par de camisas blancas sólo exprima la mitad de un limón.

Como cloro o blanqueador

En lugar de arriesgarse a usar los productos de blanqueamiento para eliminar las manchas, ¿por qué no trata usando limones? El problema con el uso de cloro es que en realidad puede manchar la ropa, esto se debe a que puede levantar los elementos de hierro del sistema de agua y manchar la ropa durante el ciclo de lavado.

Un remedio infalible para la eliminación de manchas y blanqueamiento de ropa, es remojarla en una mezcla de mitad jugo de limón y mitad de agua antes de lavar; si está llena de manchas, además del remojo, añada jugo de limón a la lavadora también. ¡Desaparecerán!

No olvide los poderes del sol y el limón combinados. Sus blancos, una vez remojados y luego lavados con el zumo de limón, van a deslumbrar si los tiende en un día soleado.

Calcetines deportivos blancos

Para mantener blancos los calcetines deportivos y eliminar la decoloración que tan a menudo obtienen en la parte de las plantas de los pies, hiérvalos en una olla con la misma cantidad de agua y jugo de limón.

Elimine las manchas de té

Antes de decidir desprenderse de una prenda favorita en la que ha derramado té encima, remueva la mancha con limón. Al igual que con todas las manchas en la ropa, es aconsejable tratarla tan pronto como sea posible para una eliminación efectiva.

Si su ropa puede lavarse en agua caliente, vierta una taza de jugo de limón en la lavadora y lave la prenda inmediatamente. Si esto no es posible, rocíe un poco de jugo de limón sobre la mancha de té, esto eliminará su color. Lave en la lavadora, añadiendo jugo de limón por supuesto.

Manchas de sudor en las axilas

Algunas camisas y blusas se ven decoloradas debajo de
los brazos, sobre todo la ropa blanca. Haga una mezcla
mitad jugo de limón y mitad de agua, aplique y frote
suavemente para quitar las marcas.

Elimine manchas de frutas

Ya sabemos que el jugo de limón es eficaz para eliminar las manchas de las bayas de las
manos y de las superficies de trabajo en la cocina. Es igual de eficaz para eliminar manchas
de cualquier variedad de fruta en la ropa, porque el jugo de limón funciona bien en todas.
Si se rocía un poco de jugo de limón puro sobre las manchas antes de lavar, ayudará a que
se desvanezcan. Añada más zumo de limón en la lavadora y desaparecerán.

Elimine manchas de óxido

Haga lo que haga, no caiga en la tentación de poner lejía sobre una mancha de óxido,
porque eso hace que se haga más dura. En su lugar, espolvoree la ropa con una generosa
cantidad de sal de mesa, exprima un limón sobre ella y si es posible, manténgala en la luz
solar directa durante varias horas, añadiendo más jugo de limón si la ropa comienza a
secarse. Antes de ponerla en la lavadora, con zumo de limón por supuesto, cepille la sal
fuera de lo que ahora debe ser una mancha descolorida.

Elimine las marcas por quemadura de la plancha

Nos ha ocurrido a todos, está planchando y alguien toca el timbre o suena el teléfono y
deja la plancha hacia abajo sobre la ropa. Cuando regresa tiene un color marrón, una marca

en forma de plancha que usted asegura que nunca va a salir en el lavado. Si sucede otra vez, exprima el jugo de un limón sobre la mancha y deje secar al sol. El tiempo dependerá del grosor de la tela y la intensidad del sol. Si no se ha quemado la tela, el jugo de limón y la luz solar combinadas aligerarán la mancha, aunque puede que tenga que repetir el proceso para hacerla desaparecer por completo.

Elimine manchas de moho

Para quitar las manchas de moho que pueden aparecer en la ropa lavable cuando esta se guarda en lugares húmedos con poca ventilación, necesita al confiable limón. Aplique generosamente sal de mesa sobre las manchas y vierta el jugo de limón, deje esta combinación expuesta al sol durante varias horas. Mantenga el área húmeda añadiendo periódicamente más jugo de limón. Cepille la sal antes de poner la prenda en la lavadora, no olvide que puede agregar más jugo de limón para el ciclo de lavado si es necesario.

El jugo de limón también elimina el olor a humedad que a veces persiste incluso después del lavado.

Elimine manchas de tinta

Al igual que con otros tipos de manchas en la ropa, es bueno recordar que las nuevas son más fáciles de eliminar que las antiguas. Así que si derrama tinta sobre su ropa, lo mejor es limpiar el exceso inmediatamente. Luego espolvoree sal de mesa sobre la mancha y aplique generosamente jugo de limón puro. Ponga la prenda en la luz solar directa durante el mayor tiempo posible, humedeciendo regularmente con más jugo de limón. Lávela de manera normal, pero si la mancha no desaparece, entonces repita todo el proceso.

El color y la condición

Mantenga la ropa brillante

Hay una serie de consejos disponibles para mantener su ropa con colores brillantes previniendo la decoloración, incluyendo el lavado y secado de adentro hacia fuera, colgada al revés. Otro consejo útil, es añadir ½ taza de vinagre blanco a la lavadora.

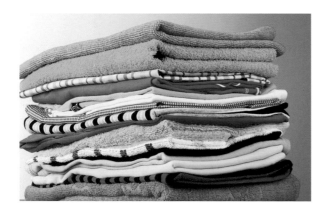

El vinagre no huele bien, a pesar de que es eficaz para retener la vitalidad del color, por lo que añadir unas gotas de jugo de limón al vinagre antes de echarlo en la lavadora, realmente reduce el olor.

Precaución: no agregue demasiado jugo de limón por sus propiedades blanqueadoras.

Quite pelusa

Algunas personas dicen que el vinagre funciona bien al aplicarlo en un pedazo de tela o una esponja para eliminar la acumulación de pelusa en la ropa; pues el jugo de limón sirve igual de bien, remojando la pelusa con el paño o esponja. Otra forma de utilizar un limón para quitar la pelusa es usar una mitad como si fuera un trozo de cinta adhesiva, la pulpa fibrosa y médula del limón atraparán la pelusa de la ropa como si la absorbiera.

Solución de tratamiento previo a la lavandería

El jugo del limón puede hacer maravillas para eliminar manchas, como ya sabemos, es aconsejable tratarlas antes del lavado. Sin diluir o mezclar con agua, el jugo de limón es un excelente tratamiento previo para todos sus problemas de lavandería.

Blanquee los tenis

Si sus tenis o zapatos de lona han comenzado a verse sucios, no recurra a la botella de cloro para blanquearlos. Rocíelos con el jugo de limón por dentro y por fuera. Colóquelos a la luz directa del sol para secar. Estarán libres de manchas y mucho más blancos, y probablemente olerán mucho mejor también.

Limpie y abrillante el color negro o canela de sus zapatos de cuero

El jugo de limón es una excelente crema para el calzado, sobre todo para los zapatos de cuero color canela y negros. Aplique con un paño o esponja y luego pula con un paño suave y seco para abrillantar.

Casa y jardín

Hogar en general

El olor fresco y tonificante de los limones para
muchos simboliza un hogar limpio y bien cuidado.
Es por eso que muchos fabricantes de limpiadores y
ambientadores añaden limón a sus productos como
una preferencia. Pero los limones no sólo
proporcionan un olor fresco, tienen muchos
usos prácticos, son baratos y libres de químicos para
el hogar. Observe qué más pueden hacer los limones y
su jugo. Usted se sorprenderá de cómo los limones
son resistentes, además de ser mejor para
el medio ambiente.

Eliminación de olores

Ambientador

Para refrescar el aire en la cocina, especialmente si ha cocinado pescado o alimentos con olores fuertes como el ajo, corte un limón por la mitad y sumérjalo en agua, póngalo a hervir, el aroma llenará la cocina. Puede hervir a fuego lento por mucho tiempo, pero complete el nivel de agua de vez en cuando.

Para ocasiones muy especiales, añada al agua un poco de clavo de olor, canela, unos trozos de naranja, cáscara de manzana y que hierva. No sólo olerá delicioso, sino que el vapor se esparcirá por toda la casa y humedecerá el ambiente.

Ambientador en espray

Usted puede hacer su ambientador en espray, poniendo la misma cantidad de agua y jugo de limón en una botella. Dura por mucho tiempo, es rápido y fácil, y el olor es natural, no como el de los ambientadores de patente. Para un olor más intenso, agregue aceite de limón en lugar de jugo de limón fresco.

Aceite de limón

El aceite de limón también es bueno para la mente, los niveles de concentración y la sensación general de bienestar. Añada unas gotas de este aceite esencial al agua en la parte superior de un quemador de cerámica como una alternativa para refrescar el aire en su hogar, y ayuda a quien tiene que estudiar o concentrarse.

¡Refresque con luz!

Otra forma de refrescar la habitación es poner un poco de jugo de limón en un trozo de papel de cocina y cubrir las bombillas. Cuando la luz se enciende, el calor de la bombilla calienta el zumo de limón y proporciona el aroma.

Precaución: sólo aplicar el jugo de limón a las bombillas cuando estén frías.

Cáscara de limón en el armario

Para mantener la ropa y armarios con olor delicioso, deje secar cáscaras de limón, esto puede tomar varios días, pero una vez secas, colóquelas en un recipiente pequeño en el armario o en el cajón de su tocador.

Cáscara de limón en la bolsa de la aspiradora

Refrescar a medida que trabaja debe ser una ventaja añadida. Rocíe unas gotas de aceite de limón en un trozo de papel de cocina, y colóquelo en la bolsa de su aspiradora. ¡Qué manera de refrescar el aire por toda la casa mientras limpia la suciedad y la mugre! Si no tiene aceite de limón, un par de gotas de jugo de limón, darán el mismo efecto aromático.

Refresque alfombras y tapetes

Mientras que usted tiene la aspiradora trabajando, ¿por qué no refrescar las alfombras y tapetes en el hogar? Aunque toma un poco de tiempo, es muy eficaz. Mezcle 10 gotas de aceite de limón con una cantidad igual de sus aceites esenciales favoritos. Añada esta mezcla de aceites perfumados a 125 g (una taza) de bicarbonato de sodio, éste es realmente bueno en la neutralización de los olores y los aceites proporcionan aromas duraderos y dulces. Deje reposar la mezcla durante la noche para asegurarse de que el bicarbonato de sodio absorbió todo el aceite, después espolvoree generosamente sobre sus alfombras y tapetes. Dejar en remojo en los mechones de la alfombra o tapete por un tiempo y luego aspirar la mezcla.

Evite que los desagües huelan mal

Vierta un vaso de agua con el jugo de un limón entero en el fregadero de la cocina para mantener un olor fresco. Usted puede hacer lo mismo en el drenaje del baño, ducha y lavabo, ya que también puede oler, sobre todo cuando hace calor. El jugo de limón también desinfectará a medida que viaja por el desagüe.

Elimine los olores de la chimenea

Imagine la escena: el viento está muy fuerte afuera, está helando y usted está sentado al lado de un fuego caliente. ¡Alegría absoluta! Pero la chimenea emana humo y toda la habitación comienza a oler como una hoguera ¡Pesadilla absoluta! Para deshacerse de ese

olor desagradable, tire unos trozos de cáscara de limón en el fuego.

Es posible que desee recordar hacer esto cada vez que encienda el fuego, porque la cáscara de limón es una buena medida preventiva contra el exceso de humo. Añádalo a su leña cuando encienda el fuego y se reducirá la posibilidad de que vuelva a ocurrir.

Cómo deshacerse del olor a naftalina

Si ya es demasiado tarde y ya ha usado esas bolas de naftalina malolientes, o ha heredado un cofre o maleta de alguien, es hora de que el limón entre al rescate de nuevo. Lave esas zonas con jugo de limón y agua en cantidades iguales para librar su casa de ese olor realmente desagradable.

Consejos útiles

Quite los arañazos en los muebles

Puede eliminar pequeños arañazos en los muebles mezclando partes iguales de jugo de limón y aceite vegetal o aceite de oliva. Frote la mezcla muy bien sobre la zona afectada con un paño suave y seco, y luego déle un buen pulido con otro paño limpio. Esta es una buena receta para hacer sus propios muebles de madera pulida. El aceite de oliva deja un brillo realmente impresionante, con la ventaja del olor a limpio de los limones.

Humidificador de aire

Si usted tiene un humidificador de aire sabrá que son realmente eficaces, pero puede comenzar a oler un poco mal después de un tiempo. Añada unas gotas de zumo de limón al agua en el humidificador para refrescarlo. Circulará el aroma a limón alrededor de la habitación, al poner a funcionar la máquina hace su trabajo.

Decoraciones navideñas

Si está buscando un proyecto para la temporada de vacaciones de diciembre, podría hacer sus propias decoraciones, usando limones, por supuesto. Necesita un poco de planificación previa, pero este proyecto hará su árbol navideño único. Más o menos en octubre, ponga varios limones en un armario oscuro a secarse, asegurándose de verificarlos de vez en cuando. También puede comenzar a juntar trozos de listón y objetos brillantes para pegarlos a los limones secos justo antes de empezar las fiestas.

Cuando esté listo para adornar su árbol, una con alfileres los objetos en los limones, después pegue un pedazo de cinta en cada uno para colgarlos y tendrá decoraciones únicas para árboles.

Decoraciones navideñas más fáciles

Si aún no es demasiado bueno en la planificación previa o no tiene el tiempo, entonces podría hacer

algunos para colgar. Pegue unos cuantos clavos
(especia) en limones frescos y use la cinta para
colgarlos. No tiene que ponerlos en el árbol, los
podría colgar en cualquier lugar.

Decoración para todos los días

Los limones frescos son de un color tan vibrante
que no siempre necesitan otros elementos para
tener un aspecto atractivo. Coloque algunos
limones en un tazón de vidrio, se verán tan
llamativos, que seguro le harán cumplidos.

Renueve brochas endurecidas

Muy bien, tuvo suficiente trabajo pintando la habitación y necesitaba un descanso, pero
dejó la brocha durante la noche y ahora se ha endurecido tanto que no puede usarla.
¡Los limones al rescate de nuevo! Hierva un poco de jugo de limón y meta la brocha durante
unos 15 minutos a fuego lento. Apague el fuego y retire la brocha, lávela con agua caliente
y jabón. Va a tener de nuevo cerdas manejables.

Flores secas

Cuando compra flores secas el olor sólo dura poco tiempo.
¿Por qué no añadir unas cáscaras de limón secas a las hojas secas
de sus flores favoritas compradas en la tienda? Para mantenerlo
fresco añada unas gotas de aceite de limón en la cáscara de
forma regular, o unas gotas de jugo de limón.

Plagas y jardín

Aerosoles para hormigas, bolas de naftalina, insecticidas, herbicidas, existe una lista interminable de productos químicos a los que podríamos recurrir si tenemos una infestación de algo que no queremos en la casa o jardín. Pero en realidad no hay necesidad de ir a lo caro para la compra de estos repelentes individuales. Los limones pueden ayudar a eliminar diferentes bichos. Mire lo que el limón elimina y entonces se dará cuenta de porqué siempre debe tener un suministro de limones en su refrigerador.

Ahuyente plagas

Insecticida natural

Puede parecer extraño, pero a la mayoría de los insectos realmente no les gusta el olor a limón, por tanto, es necesario ser cuidadoso en la aplicación del jugo de limón y la cáscara. Asegúrese de exprimir cantidades abundantes de jugo en los umbrales y marcos, así como las grietas o huecos en la mampostería por las que crea que podrían entrar a la casa.

También puede poner tiras cortadas o cáscara de limón alrededor de sus puertas ¿por qué no probar el jugo y la cáscara si realmente odia a los bichos?

Invitados no deseados

Si hay insectos dentro de su casa, y por lo general en la cocina, e incluso en el interior de los armarios, opte por usar el limón. La limolina es tóxica para los insectos, por lo que si limpia las superficies y armarios con aceite de limón o jugo, se librará de ellos.

Cómo deshacerse de las moscas domésticas

Todos sabemos la cantidad de bacterias que la mosca doméstica común es capaz de propagar alrededor de nuestras casas. No hay nada peor que ver un rastrero sobre las superficies de la cocina. Si utiliza el jugo de limón con regularidad para limpiar las superficies de trabajo, esto ayudará a mantenerlas libres de gérmenes.

¡Elimine esas polillas!

Si piensa que hay polillas en su armario, no recurra a la naftalina maloliente. En su lugar, coloque una pequeña bolsa de cáscaras de limón secas y se deshará de ellas.

Repelente de hormigas

A las hormigas tampoco les gusta el limón, pero la forma más eficaz para librar su casa de ellas, es el uso de un limón podrido, colóquelo completo cerca del punto que utilizan para entrar en su casa y rocíe sus puertas y marcos de las ventanas con jugo de limón. Este repelente orgánico también es eficaz contra las cucarachas y las pulgas.

Pintura libre de insectos

Esto nos ha ocurrido a todos. Usted está afuera de su casa dando una capa de pintura fresca, utiliza un blanco brillante para la madera; entra por un café y al regresar su brillante pintura blanca está cubierta de pequeños bichos e insectos, se han pegado a la pintura en el secado. La próxima vez primero frote los marcos de las puertas u otras superficies que va a pintar con un poco de jugo de limón. Esto ayudará a mantener esas pequeñas mosquitas a distancia, mientras que su pintura se seca.

Repeler las malas hierbas

El jugo de limón es bueno para matar las hierbas malas, aunque no del jardín completo, pero rociado a lo largo de las grietas en las vías y patios funcionará.

Precaución: no riegue ninguna de sus plantas de jardín directamente con el jugo de limón, ya que podría dañarlas.

Repelente de ardillas

El jugo de limón, y algunos dicen que los alimentos calientes o picantes como pimienta, pueden esparcirse en las zonas que las ardillas frecuentan. Coloque la ralladura de limón alrededor de los comederos, no les gusta el sabor y puede disuadirlas de regresar.

Si las ardillas están causando daño a sus flores, espolvoree generosamente ralladura de limón alrededor de ellas, no les hará daño y alejará estos animales.

Desvíe la visita de los gatos

A los gatos no les gusta el olor de los cítricos, por lo que el uso de cáscaras de limón o naranja en su jardín es un repelente efectivo. Ralle y espolvoree generosas cantidades de cáscara en su jardín para auyentarlos.

Entrene a su gato

Si usted tiene un nuevo gatito, o ha adquirido uno callejero, es probable que ciertas áreas de su casa estarán fuera de sus límites. Mezcle un poco de jugo de limón y agua en una botella con atomizador, y rocíe en las áreas donde no debe estar. Posiblemente tenga que hacerlo de forma regular para que su gato aprenda.

Jardinería

Mantenga frescas sus flores

Se cree que la aplicación de la limonada patentada para plantas de maceta ayuda a que florezcan durante más tiempo. Muchas personas ponen sus flores cortadas en limonada, pero podrían usar jugo de limón fresco. Pruebe añadir dos cucharadas de jugo de limón al agua en su florero, con una cucharada de azúcar, esto hace la diferencia en el tiempo que se mantienen frescas las flores.

Precaución: no añada limonada o jugo de limón a los crisantemos, ya que esto puede volver cafés las hojas de las flores.

Mejorar la calidad del suelo

Existe gran variedad de sacos de abono disponibles en centros de jardinería, pero muchas personas optan por hacer el suyo. Si usted hace su propio abono orgánico, se dará cuenta de que es mucho mejor para la tierra de su jardín que los que contienen productos químicos. El secreto de los suelos de buena calidad es la composta de buena calidad. Al añadir cítricos a la composta mejora la calidad del suelo, ya que lo enriquece con nutrientes. El limón, naranja o toronja ayudarán a regular el flujo de agua y oxígeno a las raíces de las plantas. Esto, obviamente, le dará una planta saludable, la cual será menos propensa a las plagas y enfermedades.

Cuidado de mascotas

El tener una mascota sana y de buen comportamiento, probablemente es tan importante para la mayoría de los dueños como su propia salud, por supuesto, puede comprar muchos productos para el cuidado de mascotas que probablemente hacen el trabajo, pero puede ser costoso y no siempre conoce los ingredientes que contienen. El limón natural le da opciones para proteger la salud de su mascota y puede ser útil con diferentes métodos de entrenamiento.

Gatos y perros

Espray de limón para perros

El limón es muy eficaz para el acondicionamiento del pelo de un perro, y mantiene a su mascota libre de pulgas. Añada rodajas de limón a dos tazas de agua hirviendo y deje que la mezcla se enfríe durante la noche, cuele y vierta en una botella con rociador. Puede rociar a su mascota generosamente con esta mezcla sin que cause daños, además de acondicionar el pelo también es un repelente efectivo para moscas e insectos voladores. Las pulgas tienen una capa de cera, cuando el líquido se rocía sobre la piel del perro, deshabilita su alimentación.

Precaución: evite rociar la mezcla de jugo de limón cerca de los ojos del perro.

Limpiador de caja para gatos

Las cajas de arena para gatos son una idea brillante, pero es abrumador si no se limpian con regularidad y correctamente. El problema es que se forma una capa de sedimento en la base. Para limpiarlas utilice tres partes de agua por una de vinagre blanco y el jugo de dos limones, transfiera esta mezcla a una botella. Después de haber vaciado y lavado la caja con agua tibia y jabón, rocíe la base con la mezcla, frote con un cepillo duro, lave y enjuague

nuevamente el cuadro de fondo. El sedimento se desprenderá fácilmente y la caja se mantendrá fresca durante más tiempo.

Precaución: asegúrese de limpiar el limón a fondo, ya que los gatos no están interesados en el olor a limón y usted no quiere disuadirlos de utilizar la caja.

Proteja los oídos de los perros de daños mientras nada

Si su perro es un gran nadador, el agua en los oídos es o ha sido un problema, proteja los oídos de su mascota. Mezcle el jugo de medio limón con un poco de agua tibia. Tendrá que usar un gotero, o incluso una jeringa, para administrar la mezcla. Coloque suavemente un poco de líquido en cada uno de los oídos de su mascota y, de nuevo con suavidad, dé un masaje en el exterior para frotarlo. Su mascota se sacudirá en esta etapa, y es el momento de secar el exceso de humedad con un algodón o un cotonete.

Precaución: no coloque la jeringa o gotero directamente en el interior de la oreja de su mascota, el ruido puede asustarla y su conducto auditivo es muy delicado.

Entrene a su perro para que deje de ladrar

Usted puede comprar collares antiladridos que contienen citronela, que sale a chorros en la cara del perro para disuadirlo de ladridos excesivos. Pero es mucho más barato e igual de eficaz hacer su propia versión, usando una pistola de agua o una botella. Llene la pistola o botella con agua y añada unas gotas de zumo de limón. El líquido no está destinado a ser un castigo, pero tiene la intención de asustar al perro en silencio, interrumpiendo el ladrido. Cuando el perro ladre rocíe la mezcla de limón en su boca y elógielo cuando el ladrido se detenga. Si los ladridos comienzan de nuevo, repita el proceso.

Precaución: no rocíe la mezcla de agua y jugo de limón directamente en la cara del perro, tenga cuidado y evite los ojos.

Detenga a sus cachorros de morderse las patas

Como a los perros no les gusta el sabor de limón, aplique unas gotas de jugo en sus patas si al suyo le gusta mordérselas. El proceso podrá repetirse varias veces hasta que su cachorro desista de morderse.

Entrenando a su cachorro para orinar

Si su cachorro tiende a utilizar un área particular de la casa como su baño privado, entonces use jugo de limón para disuadirlo, porque si lo hace en el mismo lugar una y otra vez, puede convertirse en la norma. Rocíe el área con jugo de limón puro, lo cual no dañará su piso o alfombra. El limón eliminará el olor e impedirá que el animal vuelva a orinar en el mismo lugar.

Salud y cuidado personal

Consejos de belleza

Todas las partes de un limón contienen algo que podemos usar para hacernos ver y sentirnos bellas. Podemos usar el limón en el cabello, la piel y las uñas. Y no sólo para una cosa, el jugo de limón tiene una auténtica diversidad en la ayuda de la belleza orgánica. Puede limpiar, hidratar, ayudar a mantener el equilibrio del pH en la piel y suavizarla. Pero quizá lo más importante es que puede ayudarle a mantener un cuerpo sano. ¿Qué más se puede esperar de una fruta?

Piel

Limpieza

Los limones tienen la característica de ser particularmente buenos para la limpieza de la piel, además de tener propiedades aclarantes. Su jugo elimina las células muertas y estimula la producción de colágeno. Usted puede utilizar este tratamiento de limpieza todos los días para eliminar la suciedad que se ha acumulado en su cara. Exprima el jugo de medio limón en un tazón y aplíquelo en su cara con las yemas de los dedos. Masajee suavemente su piel y luego enjuague.

Precaución: no limpie el área alrededor de los ojos con el jugo de limón, esto le podría causar ardor.

Limpieza profunda

Los limones son particularmente útiles para combatir la piel grasa y limpiar los poros. El aceite de limón ayuda a equilibrar las glándulas sebáceas hiperactivas, que son las que causan la piel

grasa, los poros obstruidos y las manchas de la piel. Un buen método para asegurarse de que los poros se limpien a fondo es el vapor en la cara. Llene un recipiente con agua hirviendo y añada la cáscara de medio limón. Con su cara sobre el tazón y un paño de cocina sobre su cabeza, deje que el vapor penetre en los poros, se sorprenderá de lo refrescante que es.

Tonificante

Una vez que haya limpiado su cara, para cerrar los poros de nuevo, utilice dos partes de agua helada por una de jugo de limón, así tonificará la piel después de la limpieza. Aplique y deje secar naturalmente. ¿Se imagina lo bien que este tonificante le hará sentir en un día de mucho calor? Puede almacenarlo en el refrigerador durante varios días.

Precaución: no se exponga al sol después de usar el limón en la cara, porque puede crear reacción ante los rayos UV y quemar o manchar su piel.

Tonificante para piel grasa

Para la piel grasa, mezcle dos cucharadas de jugo de limón, dos cucharadas de vodka, una cucharada de agua destilada y una cucharadita de hamamelis. Utilice una almohadilla de lana o de algodón para aplicar este tónico y luego enjuague con agua. Este tonificante puede durar una semana si se almacena en el refrigerador.

Hidratante

El jugo de limón hidrata, limpia y tonifica, sus ácidos son buenos para hidratar, porque evitan la pérdida de agua, también ayudan a suavizar y alisar las pieles más secas. Coloque el jugo de limón sobre la piel, ya sea con los dedos o con un algodón y deje secar antes de enjuagar. Si no tiene tiempo para exprimir el limón, sólo córtelo por la mitad y aplique directamente a su cara, apretando un poco para liberar el jugo.

Exfoliante facial

Para deshacerse de las células muertas de la piel del rostro, corte un limón por la mitad y agregue azúcar blanca normal, úselo como exfoliante, frotando suavemente. El jugo de limón afloja las células muertas de la piel y el azúcar actúa como un abrasivo suave. Hágalo antes de acostarse, para que no se arriesgue a la luz del sol inmediatamente después.

Precaución: si usted tiene alguna sensibilidad de la piel, haga primero una prueba para cualquiera de estos tratamientos de limón, ya que son bastante ácidos.

Aclarador de pecas

Hay dos maneras de utilizar el jugo de limón para aclarar las pecas. Al utilizarlo para exfoliar la piel muerta, disminuye la aparición de las pecas. Frote suavemente con un corte de limón y media cucharadita de gránulos de azúcar sobre la piel. Repita esto una vez a la semana, hasta que las pecas comiencen a desvanecerse.

Alternativamente, aplique una rodaja de limón a la zona de la piel pecosa y deje que haga su trabajo durante 10 minutos. Repita una vez a la semana y verá que las pecas se aclaran.

Precaución: el uso de jugo de limón puro sobre la piel puede secarla, así que asegúrese de hidratarla después de tratar sus pecas.

Reductor de arrugas

Los limones se utilizan de diferentes maneras para mejorar su apariencia, si tiene arrugas. La más simple es revolver una cucharadita de azúcar con dos cucharadas de jugo de limón, aplicar esta solución con los dedos y dejar actuar durante 10 minutos antes de enjuagar. Este tratamiento exfolia la piel, pero la vitamina C del limón promoverá la producción de colágeno. Los ácidos del azúcar ayudan a reparar los daños en la piel y también a eliminar la piel muerta. Otro remedio casero contra las arrugas y líneas finas en la cara es mezclar una cucharadita

de jugo de jitomate, $\frac{1}{2}$ cucharadita de jugo de limón con una pizca de cúrcuma. Agregue unos gramos de harina de garbanzos para formar una pasta y aplique sobre la zona arrugada. Deje actuar durante 15 o 20 minutos y enjuague.

Otra opción es mezclar una cucharada de jugo de limón, una clara de huevo, una cucharadita de yema, una gota de aceite de vitamina E y formar una pasta. Aplicar sobre la piel y dejar actuar durante 30 minutos y enjuagar. Hidrate su cara después de este tratamiento contra las arrugas.

Otro tratamiento antiarrugas requiere un poco más de tiempo y preparación. Necesitará varios limones, dos pepinos, crema batida, aceite de oliva, miel y harina de maíz. Corte los pepinos sin pelar y póngalos en la licuadora junto con la crema batida, hasta obtener una pasta. Añadir una o dos gotas de aceite de oliva y la miel, continuar licuando antes de añadir una pizca de harina de maíz. Ahora ponga la mezcla en el refrigerador y deje que se enfríe durante 30 minutos. Corte los limones por la mitad y frote ligeramente por encima de su cuello y en la cara. No seque la piel y aplique la pasta inmediatamente. Deje a la mezcla hacer su trabajo durante al menos una hora antes de enjuagar.

Removedor de puntos negros y espinillas

El jugo de limón es un excelente astringente que ayuda a eliminar la suciedad que obstruye los poros y puede causar puntos negros y espinillas.

Exprima el jugo de medio limón en un tazón pequeño, sumerja una bola de algodón y aplíquelo en su cara, evite el contacto con sus ojos. Deje actuar durante unos 10 minutos antes de lavarse, o puede hacer esto justo antes de irse a la cama por la noche. También puede dejar el jugo de limón durante la noche antes de enjuagar por la mañana. El ácido cítrico del jugo de limón disuelve naturalmente los aceites que crean puntos negros.

Mascarillas de limpieza facial

He aquí dos recetas simples para mascarillas de limpieza de fácil aplicación, usando limón como uno de los ingredientes principales.

Como tratamiento habitual para las espinillas, mezcle dos cucharadas de harina de avena con cuatro cucharadas de yogur natural y una cucharada de jugo de limón. Mezcle hasta formar una pasta y aplique sobre la piel. Deje esta máscara por lo menos durante cinco minutos y enjuague con agua fría. Deje secar su cara al aire de forma natural.

Para una limpieza profunda, mezcle cuatro cucharadas de yogur natural con dos cucharadas de ralladura de cáscara de limón. Masajee su piel con esto, deje en la cara durante un máximo de cinco minutos y enjuague con agua tibia. La cáscara del limón disuelve la suciedad y el aceite y el yogur exfolian su piel.

Aclarador de manchas oscuras

El jugo de limón es uno de los más naturales y potentes productos para blanquear la piel. Diluya el jugo de un limón con una cantidad igual de agua. Puede añadir una gota de miel o aceite de aloe vera, que son humectantes útiles. Aplique la mezcla primero en un área de prueba, como el cuello, y luego enjuague. Si el parche de prueba demuestra estar libre de problema, aplique la mezcla en las manchas que desea desvanecer. Deje reposar la mezcla durante uno o dos minutos antes de enjuagar con agua. Asegúrese después de hidratar bien la piel. Puede repetir este tratamiento semanalmente.

Precaución: el jugo de limón puede irritar las pieles sensibles. También puede resecar la piel, por lo que es importante hidratarla después de su uso.

Iluminador de piel

Como los limones tienen sus propios ácidos de fruta, azúcar y son ricos en enzimas, resultan grandiosos para deshacerse de las células muertas de la piel. Basta con cortar un limón y frotarlo

suavemente sobre la cara. Esto
tonifica y refresca la piel. Lave
después de este tratamiento.

Reductor de piel brillosa

Cepille su cara con jugo de limón
y un cepillo de maquillaje limpio
durante cinco minutos y
enjuague. El jugo de limón le
ayudará contra la producción
excesiva de aceite en la piel. Como alternativa, utilice ½ taza de agua mezclada con
10 gotas de jugo de limón. Con una bola de algodón, aplique la mezcla en toda la cara.

Precaución: si utiliza el jugo de limón puro, hágalo la noche anterior,
porque puede causarle un enrojecimiento temporal de la piel.

Reductor de manchas de la edad

Si tiene manchas oscuras en la piel que pueden ser causadas por un exceso de exposición al
sol ("manchas de la edad" o "manchas del hígado"), mezcle una cucharada de yogur con
una o dos gotas de jugo de limón. Aplique la mezcla en la mancha y deje actuar durante
10 minutos antes de enjuagar.

Un tratamiento alternativo es el jugo de limón directamente sobre las manchas dos veces al
día. Deje sobre la piel durante todo el tiempo que quiera y notará mejoría después de dos
meses de tratamiento diario.

Precaución: si el jugo de limón pica la piel enjuague de inmediato y
recuerde que no debe exponerse a la luz del sol.

Exfoliante corporal

Esto puede sonar más como un tratamiento de tortura que una ayuda de la belleza, pero es genial para deshacerse de las células muertas. Prepare anticipadamente una mezcla de 225 g ($^3/_4$ de taza) de sal de mar con $^1/_2$ cucharada de aceite de limón y póngalo al lado de la bañera. Dése un baño caliente. Frote su piel húmeda con la sal con aroma a limón. Ésta se ocupará de las células muertas de la piel y le dará a su piel un brillo suave y saludable.

Usted podría probar agregando aceite de coco o aceite de almendra, además del aceite de limón para darle a su cuerpo un baño realmente suntuoso y oloroso.

Masaje corporal

Además de las maravillas que hemos aprendido, se cree que los limones proporcionan elasticidad de la piel y disminuye la celulitis. Pruebe mezclando cantidades iguales de miel,

aceite vegetal y jugo de limón. Utilice esto como su aceite de masaje y preste especial atención a aquellas zonas del cuerpo que son particularmente secas. Deje reposar la mezcla en su cuerpo durante unos 10 minutos antes de enjuagar en la ducha.

Axilas oscuras y codos

Como ya vimos, el limón reduce las manchas de la piel. Si tiene codos decolorados o manchas oscuras en la piel debajo de la axila, los limones son la ayuda adecuada.

Para los codos, corte un limón por la mitad y apoye los codos en cada medio durante 10 minutos. Enjuague con agua tibia.

Para aclarar las axilas, corte una rebanada gruesa de limón y sujete su brazo contra su cuerpo, atrapando la rodaja de limón. Deje actuar durante 10 minutos, enjuague con agua tibia. Puede repetir estos dos tratamientos con regularidad.

Desodorante de corto plazo

En una emergencia, los limones se pueden utilizar como un desodorante. Aplique un poco de extracto de limón o frote una rodaja de limón sobre la piel de la axila. Dura pocas horas, pero es efectivo.

Cabello y uñas

Ayuda contra la caspa

Hay dos maneras en que los limones pueden deshacerse de un cuero cabelludo con comezón y las embarazosas escamas de la caspa sobre los hombros.

Añada dos cucharadas de jugo de limón en $\frac{1}{2}$ taza de aceite de oliva. Frote suavemente la mezcla sobre el cuero cabelludo y deje durante unos 15 minutos antes de enjuagar. Lave y acondicione el cabello como acostumbra.

Alternativamente, mezcle unas gotas de jugo de limón con una clara de huevo. Aplique la mezcla en su cuero cabelludo y frote, deje la mezcla durante una hora antes de lavarse con agua tibia y luego enjuague. Puede repetir este procedimiento cuatro o cinco veces al mes para eliminar la caspa.

Reduce la pérdida del cabello

La pérdida del cabello puede ser atacada con una mezcla de jugo de un limón con cuatro cucharadas de leche de coco. Aplique en el cuero cabelludo por lo menos una vez a la semana. Enjuague con agua tibia para eliminar la mezcla y use champú y acondicionador normal.

Cabello bañado por el sol

Los limones son blanqueadores naturales. Exprima el jugo de medio limón directamente sobre el cabello. Expóngase al sol durante al menos 30 minutos y luego lave y acondicione su cabello como de costumbre. Alternativamente, también puede preparar

una mezcla de cuatro cucharadas de jugo de limón y ³⁄₄ de taza de agua después enjuague el cabello limpio y húmedo con la mezcla.

Si usted es de cabello claro, aparecerán reflejos rubios. Si tiene cabello oscuro, verá tonos rojos en el pelo.

Champú para el cabello

Haga su propio champú casero con jugo de limón como ingrediente vital. Mezcle un huevo con una cucharadita de aceite de oliva, una cucharadita de jugo de limón, ¹⁄₂ taza de agua tibia y pequeñas piezas de su jabón favorito o un chorrito de jabón líquido. Si utiliza pedazos de jabón, remoje en agua caliente hasta que estén suaves antes de añadir el resto de los ingredientes.

El champú hecho en casa tendrá una duración de hasta tres días o más si se mantiene en el refrigerador.

Acondicionador para el cabello

Si tiene el cabello sin brillo o dañado, mezcle tres cucharadas de jugo de limón, 120 ml
(½ taza) de miel y ¾ de taza de aceite de oliva. Lave el cabello y seque con una toalla.
Aplique la mezcla y péinelo. Cubra su cabello con un gorro de plástico y deje actuar durante
30 minutos. Lave su cabello como de costumbre.

Para un acondicionador de cabello más general, use un huevo,
el jugo de medio limón, una cucharada de aceite de oliva y
tres cucharadas de polvo de henna. Bata el huevo hasta que
esté espumoso, añada poco a poco la henna y el jugo de
limón. Agregue unas gotas de agua en la mezcla si está
muy espesa. Deje que la mezcla se asiente durante
una hora antes de usarla. Aplique sobre el
cabello y el cuero cabelludo y deje actuar
durante una hora antes de enjuagar y lavar
con champú.

Cabello brillante

Este tratamiento es particularmente
efectivo si tiene el cabello graso. Después
de haber lavado con champú, enjuague con
un poco de agua y el jugo de medio limón.
La acidez natural del limón contrarresta las
trazas alcalinas del champú. También
disuelve residuos de jabón y crea ácidos
grasos que darán a su cabello un brillo
natural.

Tratamiento para cabello dañado o teñido

Los blanqueadores y colorantes pueden dañar su cabello. Enjuague con agua y el jugo de medio limón para estimular las proteínas naturales que contrarrestan el daño del cabello.

Tratamiento para el cuero cabelludo

Mezcle un huevo con dos cucharadas de miel, dos cucharadas de aceite de oliva, una cucharada de jugo de limón y una gota o dos de su aceite esencial favorito. Mezcle todo en un tazón y aplique sobre el cabello y el cuero cabelludo. Deje actuar durante 20 minutos (no más de 40), lave con champú y agua tibia. Por último, enjuague con agua fría. Se puede sustituir el aceite de oliva por el de ajonjolí, coco o aceite de almendra.

Espray natural

Prepare una gran laca alimonada que funciona para todo tipo de cabello. Rebane cuatro limones y póngalos en una cacerola con $^3/_4$ de taza de agua. Hierva a fuego lento durante 15 minutos o hasta que la mitad del agua se evapore. Cuele el líquido en una botella con atomizador y añada unas gotas de su aceite esencial favorito. Mantenga la botella en el refrigerador y durará por lo menos una semana.

Uñas brillantes

Para obtener uñas brillantes,
remójelas en jugo de limón durante
10 minutos, después cepíllelas con
un cepillo de dientes o uno de uñas
utilizando una mezcla de vinagre de vino blanco
y agua tibia (dos cucharadas de cada uno) y mezcle
con el jugo de medio limón. Esto ayudará a que sus uñas se
mantengan vivas, fuertes y brillantes. Esto también elimina el color amarillo que
aparece con el uso regular de esmalte de uñas.

Fumar y usar esmalte de uñas puede decolorar las uñas. Corte un limón
fresco y exprima el jugo en un recipiente poco profundo. Remoje las
uñas y las yemas de los dedos durante unos minutos. Repita esto por
varios días. Después de cada tratamiento, lave y enjuague las manos
y aplique una crema hidratante.

Uñas fuertes

Para suavizar las cutículas y fortalecer las uñas agregue tres
cucharadas de jugo de limón recién exprimido en un poco de
jabón líquido. Añada unas gotas de agua tibia y remoje las uñas en
esta mezcla durante cinco minutos. Esto dejará los dedos suaves y
las uñas fuertes y de aspecto saludable.

Si tiene uñas quebradizas, frótelas diario con limón en rodajas.
Esto ayudará a que se vuelvan más fuertes y resistentes.

Remedios naturales

Todos conocemos el viejo refrán, "una manzana al día, mantiene al médico lejos". Pero no sólo las manzanas son buenas para nosotros. No es muy recomendable comer un limón crudo, pero podemos utilizarlos para una amplia gama de condiciones de salud, son antihongos, antivirales, antioxidantes, anticáncer, antiinflamatorios, antihistamínicos, diuréticos, desintoxicantes y tónicos. Existen muchos remedios naturales con limón que hemos clasificado y reunido en este apartado.

Cabeza y rostro

Ojos cansados e hinchados

Por supuesto, nunca es recomendable poner el jugo de limón puro en los ojos, pero si agrega una o dos gotas de jugo en una taza con agua tibia no le hará ningún daño. Sólo tiene que utilizar la solución como lo haría con un lavado normal del ojo para aliviar el cansancio.

Si sus ojos están un poco hinchados pruebe exprimiendo el jugo de un limón en un tazón pequeño, agregue dos rodajas de pepino y deje que se remojen en el jugo durante un minuto o dos. Coloque una de las rodajas de pepino en cada ojo y relájese. Esto desinflama los ojos y ayuda a reducir las ojeras.

Labios agrietados

Los labios agrietados pueden picar y le hacen sentir incómodo en los meses de invierno, para evitarlo, mezcle una pequeña cantidad de vaselina o glicerina con el jugo de medio limón. Aplique a sus labios para curar y aliviar.

Herpes labial

Los limones se han utilizado para hacer frente al herpes labial durante generaciones. Simplemente corte una rodaja de limón y colóquela directamente sobre el punto afectado. Le picará, pero trate de mantenerlo ahí lo más que pueda soportarlo. Cambie el corte y vuelva a aplicar.

Para evitar el herpes labial en desarrollo, exprima cuatro limones en un vaso con agua y tómelo diariamente.

Precaución: sólo aplique el tratamiento de rodaja de limón al comienzo de un brote de herpes labial. No lo use en heridas abiertas o piel rota.

Enfermedad de las encías y otros problemas en la boca

¡Tendrá que prepararse para esto, porque implica masticar la cáscara de un limón! Las propiedades curativas de los limones actúan en las encías y las fortalece, también mata e inhibe las bacterias de la boca, que causan enfermedades en las encías.

El jugo de limón se puede aplicar si tiene dolor de muelas. Dar masajes con jugo de limón cuando sangran las encías, le ayudará a detener la hemorragia.

Dolor de oídos

Contra el dolor de oídos, exprima un poco de limón y agréguele una cantidad similar de aceite de mostaza.

Caliéntelos hasta que tenga un residuo aceitoso. Cuando tenga dolor de oídos ponga un par de gotas y le ayudará a aliviar el dolor.

Hemorragia nasal

La cáscara de limón, la médula y el núcleo pueden ayudar a fortalecer los vasos sanguíneos, y el jugo de limón tiene propiedades astringentes. Si tiene una hemorragia nasal, empape una bola de algodón con el jugo de limón y colóquela en la fosa nasal afectada. Déjela en la fosa nasal por lo menos durante 10 minutos. El jugo de limón ayudará a sellar los vasos sanguíneos rotos por el endurecimiento de las membranas en la nariz.

Piojos en la cabeza

El horror de los piojos de la cabeza se puede evitar con sólo añadir dos gotas de aceite de limón en su champú. A continuación, añada otras dos gotas en su acondicionador de cabello. La presencia del ácido de limón ayudará a disuadir el estallido de una infestación de piojos en la cabeza o hacer la vida difícil para ellos si ya han llegado.

Manos y pies

Manos secas

Si usted tiene las manos secas, simplemente exprima el jugo de un limón en un recipiente con agua tibia. Remoje sus manos en la mezcla. Mantenga sus manos sumergidas durante dos o tres minutos y luego séquelas y vierta un poco de aceite en la palma de su mano. Frote suavemente el aceite de oliva, masajeando sus manos.

Cortarse la yema del dedo

Las divisiones en la yema del dedo pueden realmente doler. El aceite de limón no sólo acelera su curación, sino que también suaviza la piel y la calma. Todo lo que necesita hacer es enterrar la punta del dedo en un trozo de cáscara de limón. Esto liberará el aceite, el cual empapará la herida de la piel. Repita el proceso dos o tres veces al día hasta que se cure la herida.

Sabañones

Los sabañones son causados por un líquido que sale de los vasos sanguíneos más pequeños de la piel. Los limones pueden ayudar a reducir la hinchazón y la sensación de picazón. Lo recomendable es asegurarse de que incluya el jugo y la ralladura de limón en su dieta diaria.

Dolor de pies

Hágase un maravilloso remojo de pies;
exprima un limón en un recipiente con
agua caliente. Después remójelos, y
déles un masaje con aceite de oliva.
También funciona si sus manos están
muy secas.

Aliviar los pies doloridos

Después de un día de compras exhaustivo, los pies estarán agradecidos por las propiedades
relajantes y curativas de un limón. Frote un limón en rodajas sobre la parte ardiente del pie
para aliviar el dolor y eliminar las toxinas.

También puede remojar sus pies en agua tibia con el jugo de un limón entero. Esto ayudará
a enfriar los pies y relajarlos.

Tobillos hinchados

Existen muchas razones
por las cuales los tobillos
se hinchan, podría haber
un problema subyacente
que da lugar a la retención
de líquidos, por lo que es
mejor consultar a su
médico.

Sin embargo, los limones ayudan a fortalecer las paredes de las venas y estimulan la producción de orina, lo que reduce la retención de líquidos. Para prevenir la hinchazón de los tobillos, incluya los limones, en particular el jugo y la ralladura en su dieta diaria.

Pie de atleta

El limón ayuda en el tratamiento de esta infección por hongos. Remoje una bola de algodón en el jugo de limón y aplique directamente sobre el área infectada o exprima el jugo de un limón en un recipiente con agua tibia o tina para pies y sumérjalos durante 10 minutos.

Callos

Los callos pueden ser muy dolorosos y, si se ignoran, pueden causar todo tipo de problemas en los pies. Los limones son buenos para tratar los callos y callosidades. Aplique el jugo de limón puro directamente tres veces al día, o utilice el aceite de limón.

La opción es colocar durante la noche, ya sea una rodaja de limón o la cáscara de un limón en el dedo y pegarlo con cinta adhesiva.

Precaución: asegúrese siempre de que el aceite de limón no diluido sólo se aplique a la callosidad, ya que podría dañar la piel normal.

Piel

Acné

El exceso de producción de sebo favorece la infección y causa acné. El jugo de limón ayuda a eliminar las bacterias, reduce la inflamación y emulsiona los aceites en la piel. Exprima el jugo de un limón en un tazón y empape una bola de algodón. Aplique en las zonas afectadas dos o tres veces al día.

Psoriasis (piel escamosa)

El ácido cítrico en el jugo de limón ayuda a aliviar la piel escamosa y seca, también ayuda a tratar la inflamación subyacente causada por la psoriasis. Como un antiinflamatorio, aplique jugo de limón puro varias veces al día y después exponga las lesiones a la luz solar directa durante unos minutos.

Esta es una versión de cura casera de un tratamiento similar al utilizado por los dermatólogos. Las personas con psoriasis, también deben incorporar los limones en su dieta diaria.

Eccema

El eccema es una infección muy
irritante de la piel. Usted puede
crear una envoltura de limón para
aliviar su piel de esa comezón,
exprimiendo el jugo de un limón
entero o cuatro gotas de aceite de
limón en una taza de agua tibia y una
cucharada de miel. Sumerja un paño limpio en el líquido y exprima el exceso. Coloque el
paño sobre la zona afectada y déjelo ahí durante 15 minutos.

Puede repetir este proceso dos o tres veces al día. Esta brillante mezcla no sólo aliviará
la infección, sino que le impedirá el deseo de rascarse. El limón cura y la miel actúa como
un antiinflamatorio. Otra forma de aliviar la picazón en la piel es exprimir el jugo de dos
limones en un baño caliente y darse un remojo.

Precaución: las personas con piel sensible son propensas a enfermedades
como el eccema y la psoriasis, y suelen ser alérgicas o intolerantes a los
cítricos. Cualquier persona con un problema fuerte y persistente con el
eccema y la psoriasis debe consultar a su dermatólogo o médico antes de
usar cualquier tratamiento a base de limón.

Antienvejecimiento

Los limones son una maravillosa fuente de vitamina C. Esta vitamina estimula al cuerpo a
producir colágeno para fortalecer las articulaciones, los huesos, los ligamentos y los vasos
sanguíneos. Al incluir los limones como parte de su dieta diaria, su cuerpo estará más apto
para reparar los músculos y mantenerlos sanos, ayudará a su piel para mantenerse fresca y
juvenil.

Celulitis

El jugo de limón es ideal para un amplio rango de
problemas de la piel. La celulitis es una formación
de hoyuelos en la piel donde hay un exceso de
líquido en los tejidos. Masajee con aceite de limón
la zona afectada. Los limones son ricos en
vitamina C y también actúan como un diurético,
asegúrese de incluir el jugo de limón y la ralladura
en su dieta diaria, o agregue dos gotas de aceite
de limón al agua de baño y dé masaje con una
esponja vegetal en la zona de la piel con hoyuelos.

Venas rotas

El jugo o el aceite de limón es muy eficaz para el tratamiento de problemas circulatorios,
como la rotura de capilares o venas de araña. Los limones contienen vitamina P en la
cáscara y el jugo, por lo que son excelentes para mantener sus capilares fuertes y fortalecer
el sistema arterial. Para las venas de araña añada dos o tres gotas de aceite de limón al
aceite de jojoba o de almendras y dé masaje en la zona afectada.

Venas varicosas

Las propiedades astringentes y antiinflamatorias naturales del limón fortalecerán las paredes
de las venas. Para ayudar a reducir la aparición de venas varicosas, mezcle dos gotas de
aceite de limón, tres gotas de aceite de ciprés, dos gotas de aceite de lavanda, con dos
cucharadas de aceite de almendras. Aplique el tratamiento una vez al día directamente
sobre la zona afectada.

Eliminación de verrugas

Si es propenso a las verrugas, una medida preventiva es beber el jugo de un limón entero al día. Puede ponerle agua y añadir una pizca de azúcar para hacerlo más agradable al paladar.

También funciona al frotar el jugo de limón directamente sobre la verruga y cubrirla. Repita el procedimiento todos los días durante al menos dos semanas. Lenta, pero seguramente el jugo de limón disolverá la verruga.

Moretones

La cáscara y el jugo de limón pueden disminuir los moretones y acelerar su recuperación. Frote la cáscara de limón sobre la zona afectada o incluya el jugo de un limón y su cáscara en su dieta regular.

Marcas de quemaduras

Las quemaduras son dolorosas y pueden causar inflamación, enrojecimiento o incluso ampollas. Si usted se quema la mano en el horno, o toca la plancha, todo lo que necesita es jugo de limón, extracto de jitomate y aceite de almendras.

Enjuague la quemadura bajo agua fría y cubra la marca con un paño húmedo. Luego humedezca el paño con el jugo de limón y aplíquelo a la quemadura. Esto ayudará a limpiar la piel y aliviar la quemadura. Repita este tratamiento para limpiar completamente el área antes de frotar el extracto de jitomate sobre la quemadura. Aplique el aceite de almendras para suavizar la piel, mejorar el color y eliminar lo que queda de la marca de la quemada. Este tratamiento no sólo ayudará a sanar la quemadura, sino también a acelerar el proceso de aclarado de la piel. Puede utilizar la pulpa de un jitomate en lugar del extracto y el aceite de coco o usar aceite de almendras, si lo prefiere.

Cortes y rasguños

Los limones son grandes antisépticos. El jugo se ocupará de la mayoría de los pequeños cortes y rasguños. También son excelentes para úlceras en la boca. Si usted tiene un corte más amplio, frote bien la cáscara de limón o jugo en la zona afectada. Esto le arderá, pero eliminará cualquier infección y ayudará a calmar la inflamación.

Picaduras de insectos

El jugo de limón reduce la picazón causada por insectos y detiene cualquier inflamación. Si usted ha sido atacado por una nube de mosquitos, exprima el jugo de dos limones en agua caliente y báñese en ella para reducir la picazón e inflamación.

Para picaduras y mordeduras, como las de avispa, aplique el jugo de limón con un algodón directamente en el sitio de la picadura. Repita esto tantas veces como sea necesario.

El jugo de limón mezclado con aceite de eucalipto también se cree que es un buen repelente de mosquitos.

Hiedra venenosa

La hiedra venenosa puede provocar una erupción terrible. El tratamiento tradicional es usar una loción de manzanilla, pero los limones son más rápidos y eficaces.

Exprima el jugo de un limón en un tazón. Empape una bola de algodón y aplíquelo directamente a la zona en erupción para reducir la inflamación y aliviar la picazón.

Cicatrices

El jugo de limón y de pepino se pueden combinar para ayudar a eliminar las cicatrices, o al menos para reducir el impacto de una cicatriz visible.

Exprima el jugo de un limón en un tazón y agregue una cantidad igual de jugo de pepino y mezcle. Frote suavemente la mezcla sobre el tejido con cicatrices. Deje que se seque durante un máximo de 10 minutos, luego lave con agua y deje secar de nuevo. Repita el tratamiento cada día hasta que la cicatriz comience a desvanecerse.

Precaución: no aplicar en zonas recién cicatrizadas o las que aún tienen puntos de sutura.

Quemaduras de sol

El jugo de limón es un astringente eficiente, sus propiedades curativas ayudarán a calmar la piel irritada y quemada por el sol. Exprima un limón en un tazón y añada el triple de cantidad de agua. Aplique esto con cuidado directamente sobre la piel quemada.

Si se ha quemado gravemente, entonces añada tres gotas de aceite de limón a dos cucharadas de aceite de almendras y aplique esto a la zona quemada.

Salud interna

Precaución: es importante recordar que todos los usos del limón en el cuerpo, especialmente en el interior y para condiciones graves, deben practicarse con precaución y no remplazan el consejo de un médico.

Anemia

Si usted tiene deficiencia de hierro, entonces puede tener un nivel bajo de ácido estomacal. La acidez de un limón puede ayudar a bajar el nivel de pH en el estómago. La pectina del limón es degradada por bacterias en el estómago, lo que crea ácidos grasos, los cuales aumentan la absorción de hierro, lo que a su vez ayuda a reducir la anemia. Simplemente tome un vaso de agua con un chorrito de jugo de limón antes de cada comida.

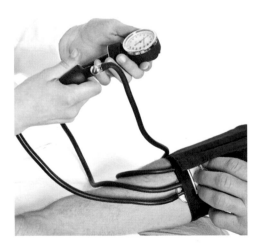

Presión arterial alta

Los limones pueden ser muy útiles para ayudar a hacer frente a las causas y los resultados de la presión arterial alta (hipertensión). Los limones contienen potasio y magnesio, y también mejorar la salud de las arterias, mientras que sus ácidos desalientan la resistencia a la insulina.

Sólo el sabor de un limón lo disuade de la adición de sal a su comida. La sal se asocia a menudo con la presión arterial alta y se debe utilizar al mínimo.

El jugo de limón también ayuda a la liberación de calcio en la carne y pescado, lo que es valioso para garantizar los niveles de presión arterial estable.

El jugo de limón funciona como un inhibidor de la ECA (enzima convertidora de angiotensina), esto significa que ayuda a disminuir la producción de una hormona llamada angiotensina, que se ha demostrado que aumenta la presión arterial mediante la constricción de los vasos sanguíneos.

Durante generaciones, los rusos han utilizado limones para controlar la presión arterial y en Japón han demostrado que su consumo se ha vinculado con una reducción en el número de pacientes con presión arterial alta.

Colesterol alto

Hay muchas razones por las que puede tener el colesterol alto, como la luz solar insuficiente, falta de ejercicio o una dieta pobre. El hígado crea la mayor parte del colesterol del cuerpo.

La pectina en un limón reduce la absorción de colesterol de los alimentos. En el intestino inhibe la absorción del colesterol. Esto, junto con su contenido en vitamina C, significa que el limón puede ofrecer un doble golpe contra el colesterol.

Un limón a menudo se describe como un alimento alcalino de formación y las investigaciones han demostrado que sí ayuda a disolver y eliminar el colesterol. Al comer cuatro manzanas diarias para reducir el colesterol, realiza lo mismo que la estatina, ideada para reducir el colesterol. Pero los limones tienen más pectina y son más eficaces.

Fortalecimiento del sistema inmunológico

La vitamina C de un limón es ideal para mejorar el sistema inmunológico. La fibra pectina en los limones estimula la producción de anticuerpos y de células blancas en la sangre. También ayuda a crear una proteína, que se ocupa de la inflamación. Así que asegúrese de que los limones estén en su dieta diaria, ayudarán contra la tos, los resfriados, las infecciones o los virus.

Antiinflamatorios

El limón puede funcionar como antiinflamatorio. Exprima medio limón fresco en un vaso y añada una cucharadita de agave (un edulcorante natural de México o Sudáfrica), o añada 10 gotas de stevia. Agregue una pequeña cantidad de cúrcuma al gusto y rellene el vaso con agua de manantial. Beba este limpiador interno cada dos horas y tome mucha agua entre cada dosis.

Artritis

Como los limones son antiinflamatorios, las propiedades antioxidantes de la cáscara y el jugo de un limón ayudan en la mayoría de los tipos de artritis. Ralle la cáscara de un limón y frote ésta sobre la articulación dolorida.

Asegúrese de no aplicar en la médula. Envuelva la articulación con un vendaje y déjela por lo menos dos horas.

Alternativamente, exprima medio limón en una pequeña cantidad de aceite de almendras y dé un masaje en la articulación dolorida.

También es posible, para aliviar el dolor en las articulaciones, beber el jugo de un limón entero en un vaso con agua tibia cada día.

Gota

Beber el jugo de un limón en un poco de agua tibia ayuda a los enfermos de gota. La gota es causada por el ácido úrico en la sangre y el tejido, que cristaliza en las articulaciones. El limón estimula al cuerpo para crear carbonato de calcio que neutraliza el ácido úrico.

Dolor de las articulaciones y los nervios

El jugo de limón tiene propiedades antiinflamatorias, por lo que es ideal para aplicar directamente a las articulaciones y extremidades con dolor, incluidas las zonas con neuralgia. Calentar el jugo de un limón y aplicarlo directamente sobre la zona afectada. Repetir cada hora durante al menos medio día.

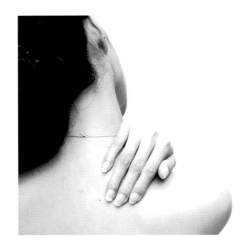

Como alternativa, pruebe poniendo tres gotas de aceite de limón en un poco de aceite de almendras y use esto como aceite de masaje para el área afectada.

Neuralgia

La neuralgia puede ser muy dolorosa, utilice el jugo de limón caliente. Ponga un limón en el microondas durante 30 segundos, corte por la mitad y exprima. Este proceso también producirá más jugo. Frote el jugo de limón sobre la zona afectada por la neuralgia y repita tantas veces como sea necesario.

Ansiedad y estrés

Si usted sufre de ansiedad, buenos consejos y limones pueden ayudar.

La solución consiste en una taza de té en una tina de baño caliente. El baño debe ser tan caliente como lo pueda soportar, pero antes de meterse en él, ponga dos bolsas de té de limón en un tazón. Llene la mitad del recipiente con agua caliente, añada un chorrito de leche y luego exprima el jugo de un limón entero. Vierta esta mezcla en su baño y suavemente relájese durante al menos 30 minutos.

El estrés, que es a menudo la causa de la ansiedad, también se mejora con el consumo de vitamina C, o mediante el uso de aceite de limón para aliviar los síntomas. Para incrementar el consumo de vitamina C exprima el jugo de un limón en un vaso, rellene con agua y tómelo a primera hora todos los días. Alternativamente, tome un pañuelo de papel y póngale un par de gotas de aceite de limón, inhale cada vez que sienta estrés.

Depresión

Algunos psicólogos creen que inhalar los vapores del aceite de limón alivia la depresión. Basta con poner unas gotas de aceite en un difusor. Si usted no tiene aceite de limón, ponga unas gotas de jugo de limón en un pañuelo y aspire de vez en cuando.

El desmayo y la fatiga

La acidez y la fibra de un limón frenan la absorción de azúcar en el intestino. Esto, a su vez, previene el alto nivel de azúcar en la sangre y luego un bajón de azúcar, que es a menudo la causa de los desmayos.

Agregar el jugo y la ralladura de limón a su dieta diaria, ayuda a eliminar los mareos. Muchas personas que tienen niveles altos de azúcar en la sangre, a menudo se sienten débiles después de comer, por lo que los alimentos ácidos ayudan a promover la digestión de las proteínas de la comida.

La fibra de un limón ayuda a retardar la absorción de azúcar. Los limones son ricos en vitaminas y contienen un poco de vitamina B, que es bueno para el alivio de la fatiga. Si se siente muy cansado, incluya jugo de limón y la ralladura en su dieta diaria.

Insomnio

Para tener una noche de sueño
reparador, la solución más simple
es beber té de limón como su última
bebida de la noche.

Inhale el vapor del aceite de limón,
se cree que tiene propiedades sedantes.
Puede poner un poco de aceite
de limón en la tina de baño antes de
acostarse.

Una forma un poco más compleja de tratar el insomnio es mezclar unas gotas de aceite de
limón, aceite de ylang ylang y vetiver juntos. Se cree que el ylang ylang es un antidepresivo
y el vetiver un sedante reconfortante. Dé masajes a su estómago con esta mezcla de aceite
antes de meterse en la cama. Algunas personas ponen unas gotas de aceite de limón en su
almohada.

Otra opción es mezclar dos cucharaditas de jugo de limón con dos de miel y combinar esto
en una taza de leche tibia. El calor de la leche activa el triptófano natural que contiene y
esto induce el sueño. Beba esta mezcla caliente, unos 30 minutos antes de acostarse.

Deficiencia de vitamina C

El caso más extremo de deficiencia de vitamina C ocurrió a los navegantes en el pasado,
el escorbuto. Esto se manifiesta con el adelgazamiento del cabello, piel seca y escamosa,
fatiga y sangrado de las encías. La solución consistió en beber jugo de limón o lima todos
los días. El jugo de limón es una de las mejores fuentes de vitamina C.

Los seres humanos no son capaces de producir su propia vitamina C, y la cantidad exacta que su cuerpo necesita depende de la edad y salud general. La vitamina C es vital para ayudar contra los problemas cardiovasculares, de cataratas y de las articulaciones, colabora con el crecimiento y reparación de los tejidos de todo el cuerpo. Actúa como un antioxidante y previene el daño al oxigenar las células. Muchas de nuestras células dependen de la vitamina C para su protección. Su deficiencia se manifesta si usted es susceptible a los resfriados e infecciones, o tener un sistema inmunológico débil, infecciones respiratorias y problemas pulmonares.

El jugo de limón también tiene flavonoides, que son poderosos antioxidantes que combaten el envejecimiento y nos ayudan a combatir enfermedades.

Asma

Además de su inhalador, el jugo de limón se puede utilizar para aliviar y prevenir ataques de asma.

Exprima el jugo de medio limón y beba con un poco de agua dos o tres veces al día. Ayuda a prevenir los ataques de asma, ya que reduce la inflamación de las vías respiratorias.

Si usted sufre de un ataque de asma, exprima un poco de jugo de limón en un vaso con agua y disfrute de ella en el transcurso de los próximos 30 minutos. Espere otros 30 minutos y repita.

Algunas personas que sufren de asma toman media cucharada antes de cada comida y otra antes de ir a la cama.

Otra opción es exprimir el jugo de un limón entero en una taza y añada agua hirviendo y un poco de miel al gusto. Disfrute de la bebida mientras inhala el vapor.

Fiebre del heno

Los limones tienen propiedades antiinflamatorias y antihistamínicas, lo cual puede ayudar a disuadir la fiebre del heno o reacciones alérgicas. Pruebe exprimiendo el jugo de medio limón en un vaso con agua, beba tres veces al día. Si la fiebre del heno o alergia le causa un dolor de garganta, haga gárgaras con la mezcla, pero esta vez utilice agua caliente.

Bronquitis

El jugo de limón está lleno de vitamina C y ácido cítrico, por lo que es ideal para lidiar con molestias en el pecho, como la bronquitis. Si tiene bronquitis, lo mejor es beber muchos líquidos, para deshacerse de la mucosidad. El jugo de limón, si se toma con un poco de agua caliente, calmará una tos irritante.

Para facilitar la respiración, exprima el jugo de un limón en un recipiente con agua hirviendo. Cúbrase la cabeza con una toalla y respire el vapor. Añadir unas gotas de eucalipto, menta o aceite de romero, le ayudará a despejar las vías respiratorias y aliviar la irritación.

Tos

El aceite de limón puede ayudar a expulsar la mucosa, por lo que para calmar una tos, puede hacer su propia limonada casera (véase la página 144) y beber a diario.

Como alternativa, rebane un limón por la mitad y utilice un mortero para deshacerlo, agregue dos cucharadas de semillas de lino. Póngalos en 2 ½ tazas de agua y hierva a fuego lento durante 20 minutos. Cuele y agregue miel para endulzar.

Otra opción es hervir una taza de agua y añadir dos gotas de aceite de limón, aceite de eucalipto y aceite de árbol de té. Coloque una toalla sobre su cabeza e inhale.

Otro remedio es calentar cuatro cucharadas de zumo de limón, ¼ de taza de miel muy ligera y seis cucharadas de aceite de oliva. Revuelva la mezcla mientras se calienta. Deje que se enfríe y tome una cucharadita cada dos o tres horas durante las siguientes 48 horas.

Dolor de garganta

Hacer gárgaras es la solución para el dolor de garganta. Necesitará el jugo de un limón en un poco de agua caliente. Si hace gárgaras tres veces al día con esta mezcla, el dolor desaparecerá a medida que el jugo de limón trabaje en las áreas dañadas de la garganta y ataque la inflamación.

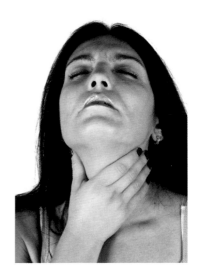

Mal aliento

Los limones se pueden utilizar como un enjuague bucal, ya que el jugo es un gran antiséptico. Exprima un limón en un vaso y haga gárgaras. Puede tragar el jugo o escupir y enjuagar la boca. El ácido cítrico mata las bacterias en la boca y altera el nivel de pH del cuerpo.

Precaución: no haga gárgaras con jugo de limón en la boca por mucho tiempo, ya que puede afectar el esmalte de los dientes.

Resacas

Las resacas causan dolor de cabeza, lo que hace que se sienta deshidratado y a veces con náuseas. Para el dolor de cabeza se puede frotar una rodaja de limón en la sien y la frente, o exprimir medio limón en una taza de café fuerte, negro. Alternativamente, exprima el jugo de medio limón en un pañuelo e inhale.

Para la resaca, y para reponerse, corte un limón en cuartos y luego espolvoree con sal cada cuña. Prepárese para luego comer la pulpa, pero no la médula o cáscara. ¡Esto está garantizado para que se despierte!

Si ha tenido una noche de fiesta, exprima el jugo de un limón en un vaso con agua y beba antes de ir a la cama. La vitamina C del limón ayudará a eliminar el alcohol en el hígado. El jugo de limón también ayuda con la rehidratación y sus niveles de vitamina C serán mayores cuando se despierte por la mañana.

Dolores de cabeza

Un dolor de cabeza provocado por una resaca puede ser fácilmente tratado usando limones (véase página 120). Si prefiere el té o el café a primera hora de la mañana, y si tiene dolor de cabeza normal, exprima el jugo de un limón en su primera taza.

Una alternativa es una esponja en la cabeza con el jugo de medio limón previamente exprimido en un vaso con agua. Se cree que inhalar el vapor del jugo de limón ayuda a deshacerse de un dolor de cabeza.

Úlceras en la boca

¡Esto va a arder! Pero no hay manera de evitarlo si usted quiere deshacerse de esa molesta úlcera en la boca.

Exprima el jugo de un limón en un vaso con agua y haga gárgaras con ella. El limón mata las bacterias y desinfecta la úlcera. Existen dos tratamientos más que garantizan una mueca de dolor.

La primera es simple. Exprima un poco de jugo de limón, sumerja un hisopo y aplique directamente en la úlcera. Una versión más suave es utilizar los aceites esenciales. Se requieren tres gotas de aceite de árbol de té, dos de aceite de mirra y tres de aceite de limón con un poco de aceite de almendras. Aplique, con un algodón o con el dedo limpio, directamente sobre la úlcera, cada dos horas. Esto adormecerá, desinfectará y eliminará las bacterias.

Ayuda a la digestión

La digestión pobre conduce al estreñimiento. Tomar jugo de limón en agua caliente, con un poco de miel, cada mañana, ayuda al sistema digestivo. Los limones tienen potasio, minerales, vitamina C y otros ingredientes naturales que limpian el cuerpo.

El estreñimiento y la diarrea

Para aliviar el estreñimiento, tan pronto como se levante por la mañana, ponga a hervir la tetera y exprima el jugo de un limón entero. Prepare este jugo por lo menos 30 minutos antes del desayuno. Repita esto en la noche antes de ir a la cama.

Los limones también son útiles para lidiar con la diarrea. La pectina de limón ayuda a unir el contenido intestinal y forma una capa que calma la irritación. La celulosa en limones atrae el agua, lo que hace más pesado el contenido del intestino.

Los limones se utilizan en África Occidental para protegerse contra el cólera debido al ácido cítrico que contienen. La acidez de los limones es muy similar a la del ácido estomacal, por lo que son muy útiles si usted no produce mucho ácido estomacal de forma natural. Incluya el jugo de limón y la ralladura, como parte de su dieta diaria.

Hemorroides

Las hemorroides pueden ser extremadamente dolorosas y debilitantes. Pueden ser causadas por venas frágiles o estreñimiento. La fibra en un limón ayuda a prevenir el estreñimiento y la vitamina C fortalece las venas. Los limones también son conocidos por sus antioxidantes que son buenos para reducir la inflamación.

Para atacar las hemorroides, exprima el jugo de medio limón en un vaso con agua y tómelo a primera hora de la mañana, antes de ir al baño. Al acostarse pruebe mezclando ½ cucharada de jugo de limón con una cantidad similar de glicerina, después aplique la mezcla sobre las hemorroides cada noche para ayudar a calmarlas.

Infección urinaria

Las infecciones urinarias o cistitis, son dolorosas. Para deshacerse de esto, necesita reducir los alimentos acidificantes y aumentar los alcalinizantes. Los limones ayudan con este proceso. Exprima el jugo de un limón en un vaso con agua tibia y tómelo a primera hora de la mañana. Modificará el pH del tracto urinario y desalentará la proliferación de bacterias malas, que causan la inflamación de las membranas mucosas y las paredes del tracto urinario.

Ingiera bastante agua diariamente. Agregue arándanos en su dieta y evite el alcohol, los refrescos con gas, los jitomates, la levadura, el azúcar y los edulcorantes artificiales. Con la excepción del jugo de limón, también evite otros cítricos, mientras la infección permanece. El ácido cítrico en el jugo de limón tiene efecto alcalinizante sobre el tracto urinario. También reduce la inflamación mientras que lo limpia y lo enfría, ya que funciona también como un astringente y antiséptico.

Precaución: no utilice otros cítricos, como naranjas o toronjas para este tratamiento, ya que no tienen las mismas cualidades terapéuticas del limón.

Retención de orina

Exprimir medio limón en un vaso con agua es un recurso sencillo para eliminar la retención de líquidos. Por extraño que parezca, lo que necesita es beber más agua. A veces el cuerpo retiene agua cuando estamos deshidratados. Al beber hasta 10 vasos de agua al día, en la mayoría de los casos, el agua retenida será eliminada. Evite los alimentos que contienen sodio adicional, como la sal.

Precaución: no elimine todo el sodio de su dieta. Cambie a la comida fresca, especialmente las verduras, en lugar de añadir sal a la dieta.

Retortijón

El té de limón se toma a menudo para curar dolores de estómago. Algunos recomiendan exprimir el jugo de un limón y luego la infusión de una hoja de curry con una pizca de azúcar, como un alivio instantáneo para los dolores de estómago de todo tipo.

Fibromas

Las mujeres con un desequilibrio de estrógeno y progesterona, a menudo, pueden ser propensas al crecimiento de las fibras musculares del útero, conocidas como fibromas. Esto también es cierto si una persona tiene sobrepeso, ya que las células de grasa producen estrógenos.

La fibra de un limón estimula la reabsorción de estrógenos a partir del intestino y de la sangre. La vitamina B también ayuda al hígado a descomponer el estrógeno, así como el jugo y la ralladura de un limón.

Estimular o suprimir el apetito

Sorprendentemente, un limón puede ayudar tanto a estimular como a suprimir el apetito. El jugo de limón y agua a primera hora de la mañana reducirá y suprimirá el apetito, inicialmente porque se llena el estómago. También puede estimular el apetito, ya que facilita la digestión y la función del hígado, así como la desintoxicación y limpieza del intestino.

Dietas de desintoxicación

Hay varias recetas para una desintoxicación con jugo de limón. Mantenga cualquiera de las siguientes mezclas almacenadas en el refrigerador.

La receta más conocida es preparar una taza de agua caliente y exprimir el jugo de un limón entero. Añadir azúcar o miel al gusto. Tomarlo a primera hora de la mañana, y durante todo el día, asegúrese de consumir mucha agua. El jugo de limón elimina las toxinas, particularmente del hígado.

En Estados Unidos, se utiliza agua con dos cucharadas de jugo de limón fresco, dos cucharadas de jarabe de arce orgánico y una pizca o dos de pimienta de cayena. Se recomienda consumir de 6 a 12 de estas porciones diariamente.

Una versión un poco menos extrema, está diseñada para durar sólo dos días. Mezclar dos tazas de jugo de limón, un litro de jugo de naranja y 1.5 litros de jugo de toronja. Diluir la mezcla con la cantidad de agua que prefiera. Beber una taza cada hora hasta que haya consumido la totalidad de su mezcla durante dos días.

El inconveniente de estas dietas de desintoxicación es que no se puede comer nada mientras dure, tampoco se recomienda que siga cualquiera de estas dietas por más de siete días.

Precaución: una dieta de desintoxicación de limón es muy extrema y si se hace sólo dará lugar a la pérdida de peso.

Aumentar la tasa metabólica

La dieta de desintoxicación de limón se ha diseñado específicamente para aumentar de la tasa metabólica (que mide la rapidez con que el cuerpo convierte los alimentos en energía), es decir, para quemar la grasa corporal, mientras que limpia, desintoxica y rejuvenece el cuerpo.

Durante una dieta de desintoxicación de limón, el proceso natural de liberar al cuerpo de toxinas continúa, pero usted ya no mete más toxinas en él. Al mismo tiempo, toda la energía que se utiliza para digerir comida es encaminada a promover el crecimiento celular y mejorar el sistema inmunológico. Como resultado, dicho sistema no tiene que trabajar tan duro como siempre y su sistema digestivo no es susceptible a la inflamación debido a reacciones alérgicas a los alimentos.

Piedras en la vesícula

Los cálculos biliares se forman en la vesícula biliar por la bilis estancada o sales de calcio. A menudo se asocian con la diabetes, el estreñimiento y la obesidad, y son mucho más comunes si usted tiene una dieta poco saludable.

La pectina del limón debe detener los ácidos biliares desde el intestino siendo absorbidos de nuevo, lo cual ayuda a prevenir la formación de piedras en la vesícula. El jugo de limón por sí solo también puede fomentar que la vesícula biliar se contraiga y expulse la bilis y las pequeñas piedras en la vesícula.

Para lavar la vesícula, durante seis días beba cuatro tazas de jugo de manzana y el séptimo dia tome dos cucharadas de sales de Epsom con agua. Espere una hora y luego tome dos tazas de aceite de oliva con cuatro cucharadas de jugo de limón. Después, acuéstese sobre el lado izquierdo de su cuerpo durante 30 minutos antes de ir a dormir. No sólo obligará a la vesícula biliar a contraerse, sino también ablandará las piedras que puedan estar presentes en ella.

Como un tratamiento menos extremo, tome una cucharada de jugo de limón con una cantidad igual de aceite de oliva una hora antes de desayunar para ayudar al cuerpo a descomponer piedras en la vesícula,

y a fomentar la contracción de la vesícula biliar, lo que ayudará a expulsar las piedras.

Si usted es propenso a los cálculos biliares, no debe dejar de incorporar un mínimo de dos limones en su dieta diaria.

Precaución: consulte siempre a su médico si los síntomas dolorosos persisten.

Cálculos renales

El jugo de limón es un diurético que estimula la producción de orina. Los limones también contienen ácido cítrico, que alienta al hígado a crear enzimas.

Los limones pueden ayudar a prevenir la formación de cálculos renales, ya que proporcionan vitamina B, fibra, magnesio, calcio y selenio, así como a disolver los cálculos existentes. El jugo de limón tiene un efecto alcalino en el cuerpo.

Las personas con niveles de azúcar elevados en la sangre, producen insulina adicional, especialmente después de comer carbohidratos. Esto hace que los riñones arrojen el calcio en la orina. La acidez de un limón ayuda a prevenir esto.

Para reducir el dolor insoportable que puede resultar por la presencia de un cálculo renal, exprima el jugo de medio limón en un vaso con agua. Tome esta mezcla y repita cada 30 minutos hasta que se reduzca el dolor.

Palpitaciones del corazón

Las palpitaciones del corazón son comunes y,
a menudo, causadas por una mala alimentación
o el estrés. La actividad física, el tabaquismo y
la ansiedad, también pueden desencadenarlas.

Los limones pueden venir al rescate de nuevo.
Existen dos tratamientos similares que puede
intentar. Prepare la mitad de una taza con jugo
de limón y agregue una cucharada de miel. Diluya
esta mezcla con agua. Lo ideal es tomar esta
mezcla antes de ir a la cama, pero también es
bueno para obtener una sensación de calma.

Una alternativa es tomar el jugo de medio limón
y media lima, junto con la miel, después, añada
una taza con agua. Tome esta mezcla diario con el fin de reducir el estrés.

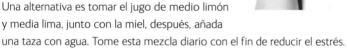

Precaución: no ignore las palpitaciones del corazón. Si persisten, póngase
en contacto con su médico.

Acidez

El jugo de los frutos ácidos no se recomienda como tratamiento para la acidez estomacal,
pero el jugo de limón diluido puede ayudar a aliviar la sensación de ardor que causan
algunos alimentos. Exprima el jugo de un cuarto de un limón en medio vaso con agua.

Indigestión

Los ácidos en el jugo de limón emulsionan las grasas, en particular las de los alimentos fritos. Esto previene la indigestión, o la insuficiencia de ácido estomacal. Este es particularmente el caso de las personas mayores de 60 años. Asegúrese de incluir limones en su dieta diaria, ya que la indigestión, sin duda, puede ser una cosa del pasado.

Náusea

Sólo oler un limón a menudo puede ayudar a reducir la sensación de náuseas ya sea debido a algo que ha comido, demasiado alcohol o incluso al mareo por el movimiento del automovil; asegúrese de cortar un limón y respire profundo. Esto calmará su estómago.

El estómago, el hígado y los intestinos

Todos están vinculados a su tasa metabólica (que mide la rapidez con que el cuerpo convierte los alimentos en energía). La glándula tiroides determina su tasa metabólica. La mezcla de jugo de limón y agua, tomada a primera hora de la mañana, hace que el sistema digestivo funcione.

Los alimentos amargos estimulan la función hepática y de la vesícula biliar. El limón también proporcionará a sus intestinos una limpieza. De nuevo, esto es una variación de la dieta de desintoxicación de limón, que incorpora el jugo de limón, jarabe de arce orgánico, una pizca de pimienta de cayena y agua filtrada (véase página 125). Esto proporcionará gran variedad de vitaminas y minerales. Usted puede hacer la dieta de desintoxicación de limón bebida a diario para limpiar el colon.

Malestar estomacal

El dolor de estómago, a menudo, está asociado con un desequilibrio de los ácidos contenidos en él. Esto puede ser el resultado de una dieta poco saludable que estimula la producción de ácido. En casos extremos, las proteínas mal digeridas pueden absorberse en el torrente sanguíneo, causando alergias.

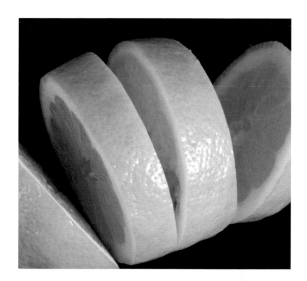

El limón ayudará a calmar cualquier dolor intestinal, aliviar el estreñimiento y reducir la flatulencia. Exprima medio limón en un vaso con agua y beba esta mezcla una vez en la mañana y otra por la noche.

Cocina y recetas

Los básicos

Probablemente el limón ocupa el tercer lugar después de la sal y la pimienta como ingrediente culinario más común y útil. Se puede usar para realzar el sabor de la carne y las verduras, para alegrar un plato, liberar sabores y hacer salsas, aderezos y acompañamientos atractivos. Los limones se pueden exprimir, pelar, rallar o secar, incluso se pueden cocinar. El limón reaccionará con los alimentos de diferentes maneras. Es genial para marinar y para evitar que las verduras pierdan su color.

Aderezos con limón

Ralladura de limón y pimienta

Usted puede hacer su propia ralladura de limón fácilmente, o incluso mejorarla, haciendo una mezcla de limón y pimienta, que es brillante para condimentar el pollo y otros alimentos, además de ser ideal para la barbacoa.

1   Con un rallador o un pelador de verduras, quite la cáscara con cuidado para no tocar la parte blanca, la cual se puede degustar agria.

2   Cuando haya quitado la cáscara, póngalo en un tazón pequeño.

3   Opcionalmente puede agregar dos cucharaditas de granos de pimienta. Es necesario romperlos primero con un mortero o poniéndolos en una tabla de cortar y golpear con una olla de base pesada o un rodillo.

4   Mezclar la ralladura y la pimienta molida, esto hará que los aceites del limón se combinen con la pimienta.

5   Ponga la cáscara y la pimienta en una bandeja y déjela en el horno a fuego muy bajo durante la noche para secarla. O extiéndala sobre una toalla hasta que se seque.

6   Ponga la mezcla seca en un mortero y hágala polvo. Ahora está lista para ser rociada en su plato, tal vez pescado o pollo. Para aumentar el sabor se puede exprimir el jugo de limón fresco sobre el plato justo antes de la cocción. La cáscara se conservará bien en un frasco hermético y también podrá congelarla.

Precaución: a menos que esté absolutamente seguro de la procedencia de los limones, tállelos con una esponja, agua tibia y jabón antes de rallarlos. Enjuague bien y seque con una toalla de papel.

Extracto de limón

Haga su propio extracto de limón. Ponga la cáscara de tres o cuatro limones en aproximadamente ½ taza de agua. Coloque en una cacerola y cocine a fuego lento durante bastante tiempo. Cuele la cáscara, pero siga reduciendo el líquido para concentrar el sabor. Podrá obtener alrededor de dos cucharadas de limón líquido.

Polvo del extracto de limón

También puede hacer polvo de extracto de limón quitando la cáscara de los limones. Colocar las tiras con la piel hacia abajo en un plato hasta que estén completamente secas. Esto tomará unos tres o cuatro días. Una vez seco se puede pulverizar en una licuadora o un mortero. Utilice el polvo en diferentes recetas.

Azúcar de limón

Hay dos formas sencillas de hacer su propia azúcar de limón. Utilice polvo de extracto de limón y sólo tiene que añadirlo al azúcar, o puede utilizar giros de limón. Para los giros utilice un pelador de verduras para hacer tiras largas. Ponga algunos de estos giros en un tarro con azúcar y el aceite de limón de la cáscara se derramará en el azúcar. Remplace los giros cuando rellene su tarro.

Cáscara de limón azucarada

El sabor amargo de la cáscara de limón azucarada es sencillo de hacer y es una maravillosa alternativa para la confitería. También es un regalo brillante hecho en casa, además de estar libre de grasa.

1 Utilice un cuchillo o pelador de cítricos para producir largas tiras de cáscara de limón. Use por lo menos seis limones. Evite cortar la amarga corteza blanca.

2 Combine 900 ml (cuatro tazas) de agua rasas con 2 ½ tazas de azúcar. Cocine a fuego medio en la parte superior de la estufa, revolviendo hasta que el azúcar se disuelva. Luego deje que la mezcla hierva durante cinco minutos.

3 Vacíe las tiras de cáscara y reduzca el calor a fuego lento. Continúe la cocción, pero no revuelva hasta que el jarabe se reduzca a un cuarto. Esto puede tomar hasta dos horas.

4 Retire el sartén del fuego y deje que el líquido se enfríe antes de drenar la cáscara de limón. Precaliente el horno a 200 °C (400 °F).

5 Recupere cuidadosamente cada una de las cáscaras, una por una, y métalas en un tazón con azúcar. Asegúrese de que cada una esté completamente cubierta.

6 Coloque las cáscaras en una bandeja para hornear forrada con papel de horno. Deje que las cáscaras cubiertas de azúcar se sequen en el horno caliente, lo cual tomará alrededor de una hora. Asegúrese de verificar que no se están quemando.

7 Cuando las cáscaras estén completamente secas, se puede raspar el exceso de azúcar. Ahora deben conservarse por alrededor de una semana. Como un regalo especial, ¿por qué no probar la inmersión de la cáscara confitada en chocolate derretido?

Limones en conserva

Salar los limones puede quitarles
mucho de su amargura y se pueden
almacenar en aceite.

Ingredientes:
Alrededor de 15 limones pequeños (sin cera)
3 cucharadas de sal
2 cucharadas de paprika
4 hojas de laurel
3 tazas de avellanas o aceite de nuez

1   Lave y corte los limones,
    después, póngalos en capas
    en un colador y espolvoree
    sal en cada capa. Deje los limones durante 24 horas y séquelos con una toalla de papel.

2   Prepare un bote de conservas, primero deberá esterilizarlo poniéndolo en el horno
    caliente durante 10 minutos.

3   Comience a llenar el frasco con las rodajas de limón. Cada capa debe tener una pizca de
    paprika. Cada tres o cuatro capas, añada una hoja de laurel.

4   Cuando haya terminado de acomodar los limones, cúbralos con el aceite y selle el
    frasco. Guárdelo en un lugar fresco y oscuro.

Puede utilizar los limones de inmediato, pero una vez que se abra el frasco se debe guardar
en el refrigerador. Los limones deben estar bien para los próximos seis meses.

Si lo prefiere, puede guardar el frasco sin abrir durante alrededor de dos años. Estos limones
en conserva son maravillosos en guisos y son buenos regalos.

Tips culinarios

Suavice el azúcar morena

Añada la ralladura de limón al azúcar morena, asegurándose de que ha retirado la médula y toda la pulpa. Asimismo, mantendrá el azúcar húmeda y más fácil de usar y mezclar.

Mantenga verde el guacamole

¿Alguna vez ha notado que cuando se corta o se machaca un aguacate para hacer guacamole comienza a tomar color café rápidamente? Lo mismo ocurre con las manzanas, plátanos o peras. Rocíe un poco de jugo de limón sobre la fruta, la mantendrá fresca por más tiempo y el jugo de limón aumentará el sabor de su guacamole.

Marine y preserve la carne

El ácido cítrico del jugo de limón puede cambiar el pH de la carne, lo que podría hacer un ambiente hostil para las bacterias. El jugo de limón en la carne cruda ayuda a preservarla. Si tiene carne muy dura, entonces puede marinarla en jugo de limón durante la noche. El jugo romperá el tejido muscular, haciéndola más tierna. El limón mejorará el sabor de cualquier platillo de carne, especialmente aquéllos a base de pollo o cordero. Pruebe utilizando un adobo de jugo de limón, aceite de oliva y orégano la próxima vez que marine alguna carne.

Haga leche agria

Para hacer leche o crema agria, exprima el jugo de un limón en leche fresca o crema.

Batir crema

¿Ha visto cómo a veces la crema simplemente no se bate? Pruebe añadiendo unas gotas de jugo de limón.

Evite que el arroz se pegue

Curiosamente, el jugo de limón, si se añade al agua cuando se cocina arroz, hace que quede esponjoso y también previene que los granos se peguen entre sí y se bata.

Evite que las frutas y vegetales se pongan marrones

Tan pronto como cortamos las verduras como la papa, el camote, chirivía, alcachofas o frutas como las manzanas, las peras y los plátanos, empiezan a volverse color marrón. Esto es porque las enzimas en sus células quedan expuestas y reaccionan con el oxígeno en el aire. Simplemente exprima un poco de jugo de limón sobre los vegetales o frutas recién cortadas mientras las prepara y conservarán su color original y vibrante.

Si hace licuados tendrá el problema del color marrón. Esto hace que parezca menos apetecible, a pesar de que todavía puede tener un sabor delicioso. Añada unas gotas de jugo de limón en el batidor o exprimidor eléctrico para conservar los colores originales.

Mantenga la lechuga fresca

El jugo de limón se puede utilizar para evitar que una lechuga se ablande o se oscurezca después de haberla cortado. Para revivir su lechuga, colóquela en un tazón con agua fría, después agregue el jugo de medio limón. Meta el tazón en el refrigerador por una hora y la lechuga se recuperará, estará fresca y crujiente de nuevo.

Evite que los huevos hervidos se rompan

Si moja ligeramente las cáscaras de huevo con el jugo de limón antes de ponerlos en agua hirviendo, no se romperán. Agregue un poco más de jugo de limón en el agua hirviendo, para que sean más fáciles de pelar.

La crujiente piel en platillos de aves de corral

Ya se trate de pollo o pato, frote un limón sobre la piel antes de comenzar a cocinar su platillo. Esto le ayudará a que tengan una deliciosa piel crujiente.

Haga huevos escalfados perfectos

Para que los huevos escalfados sean perfectos, exprima unas gotas de jugo de limón en el agua hirviendo. Agite el agua y coloque los huevos.

Mejore el sabor de los hongos

El sabor natural terroso de los hongos se realza exprimiendo un poco de jugo de limón sobre ellos mientras se cocinan. Esto funciona sin importar el método de cocción.

Recetas básicas

Limonada

Hay dos maneras de hacer limonada, una de ellas es ligeramente más dulce que la otra.

Ingredientes:

3 limones en rodajas, sin semillas
$^1/_2$ taza de azúcar extrafina para espolvorear
$^1/_4$ de taza de agua hervida (dos porciones)

1   Ponga el limón, el azúcar y la primer porción de agua hervida en una licuadora hasta que
     quede suave.

2   Luego agregue la segunda porción de agua hervida. Cuele en una jarra. Se puede beber caliente o ponerlo en el refrigerador y agregar cubitos de hielo antes de servir.

Si usted no tiene licuadora, entonces ponga las rodajas de limón y el azúcar directamente en la jarra. Añada toda el agua hervida, al mismo tiempo, la cual ya debería haber terminado de hervir. Revuelva la mezcla con una cuchara de madera hasta que se disuelva el azúcar, aplastando las rodajas de limón en el lado de la jarra para asegurarse de que haya soltado todo el sabor. Cuele la limonada y coloque en una segunda jarra.

Si prefiere un sabor menos amargo, siga los mismos pasos, pero esta vez sin la ralladura de los tres limones, sólo el jugo de ellos en lugar de cortarlos, deseche la médula.

Agua de cebada con limón

Es similar a la receta de limonada anterior.

Ingredientes:
7 tazas de agua hervida
$1/3$ de taza de cebada perla o silvestre
3 limones picados
$1/4$ de taza de azúcar

1   Ponga a hervir el agua, la cebada en una cacerola. Tape la olla y deje la mezcla a fuego lento durante media hora.

2   Vacíe los limones y el azúcar, revuelva para disolverla antes de dejar que toda la mezcla se enfríe.

3   Una vez que se haya enfriado lo suficiente, cuélela en una jarra. Almacene su agua de cebada de limón en el refrigerador, donde debe durar hasta cinco días.

Como alternativa, utilice ¼ de taza de cebada perlada, la ralladura y el jugo de dos limones, ½ taza de miel y 6 ⅓ tazas de agua. Enjuague la cebada en un colador y luego vierta el agua, la ralladura de limón y la cebada en una cacerola. Ponga la mezcla a hervir y cocine a fuego lento durante 10 minutos antes de colar en un tazón. Agregue la miel y revuelva hasta que esté completamente disuelta antes de agitar en el jugo de limón. Puede rallar finamente una cucharada de jengibre fresco y añadirlo al inicio del proceso.

Sorbete de limón

El sorbete de limón es bueno para limpiar el paladar. También es un postre muy fácil, si tiene suficiente tiempo para esperar a que se haga en el congelador. Haga su propio sorbete de limón, con o sin *limoncello* (un vodka italiano de limón). También puede agregar sus propios ingredientes especiales, incluso champaña para una ocasión muy especial.

Ingredientes:
2 ¼ tazas de agua
2 cucharadas de azúcar extrafina para espolvorear
5 o 6 limones (sólo el jugo, además de la cáscara de 3 de ellos)
2 cucharadas de *limoncello* (opcional)
2 claras de huevo

1 Vierta el agua en una cacerola y añada el azúcar. Cocine a fuego medio hasta que el azúcar se disuelva.

2 Agregue la cáscara de tres limones y cocine a fuego lento durante 10 minutos.

3 Vierta el jugo de limón y el *limoncello* (si se utiliza) después vacíe toda la mezcla en un recipiente congelable.

4   Una vez que esté fresco, congélelo durante dos horas. La mezcla debe ser ahora blanda y no sólida congelada. Tome un tenedor, agite la mezcla parcialmente congelada.

5   Bata las claras de huevo, asegurándose de que se formen picos firmes.

6   Sumerja las claras de huevo en el sorbete y ponga de nuevo el recipiente en el congelador durante unas cuatro horas. Retírelo del congelador unos 30 minutos antes de servir.

Para ese factor sorpresa, ¿por qué no servir su sorbete de limón en los limones? Simplemente corte el tercio superior del limón, que se convertirá en la tapa. Ahueque el limón y la tapa y corte una pequeña porción de la parte inferior de cada uno para que pueda mantenerse en pie. Ponga los limones y las tapas en el congelador, y después de un par de horas, sáquelos y llénelos con el sorbete, coloque nuevamente la tapa.

Requesón de limón

El requesón de limón es útil para muchas recetas.

Ingredientes:
½ taza (1 barra) de mantequilla sin sal
El jugo y la ralladura de 3 limones
1 taza copeteada de azúcar en polvo
6 yemas de huevo

1   Derrita la mantequilla en una cacerola y bata el jugo de limón, la ralladura y el azúcar.

2   Añada las yemas de huevo y bata hasta que la mezcla esté suave. Continúe calentando y agitando durante un máximo de 15 minutos. Usted está buscando una consistencia que cubrirá su cuchara de madera, pero no deje que hierva.

3   Retire la mezcla del fuego y vierta en un bote de conservas esterilizado. Deje que se enfríe en el frasco a temperatura ambiente y guárdelo en el refrigerador. También puede ponerlo en un recipiente de plástico y guardarlo en el congelador durante dos meses.

Ponche caliente de limón

Esta cálida bebida combina vino tinto, té, naranja, limón, miel, azúcar y especias.

Ingredientes:
4 $^2/_3$ tazas de agua hervida
2 bolsas de té
Jugo y ralladura de un limón y una naranja
1 raja de canela
3 clavos
2 $^1/_4$ tazas de vino tinto
1 cucharada de azúcar (si lo desea, puede agregar más a su gusto)
2 cucharadas de miel

1   Tome una sartén grande y vacíe el agua, agregue las bolsas de té, dejándolas en infusión durante unos 30 minutos.

2   Saque las bolsas de té y ponga la ralladura de limón, la naranja y el jugo, junto con los clavos de olor y la canela. Mezcle bien y deje esto en infusión durante 30 minutos antes de añadir el vino, el azúcar y la miel.

3   Caliente la mezcla hasta que llegue a punto de ebullición, para entonces la miel y el azúcar deben estar disueltas. Pruébelo y añada azúcar adicional en esta etapa si considera que es necesario.

Aderezo de limón para la ensalada

Es un aderezo simple para ensaladas, con muchas ventajas, por la sensación de picante limón fresco.

Ingredientes:
2 cucharadas de jugo de limón
1 cucharadita de mostaza en polvo
Un poco de miel
6 cucharadas de aceite de oliva
Sal y pimienta

Combine todos los ingredientes en un frasco y agítelo vigorosamente. También puede agregar hierbas recién cortadas de su elección: albahaca, perejil, tomillo u orégano. Su aderezo está listo para agregar a su ensalada.

Platillos salados

Los limones funcionan excelentemente con una gran variedad de platillos salados, con carne de cerdo, pollo y pescado o verduras. Dan un sabor fantástico, ya sea usando el jugo, la cáscara, o ambos. Durante generaciones ha sido parte importante de muchos platillos mediterráneos y del Medio Oriente. Pruebe la selección de recetas proporcionadas en esta sección.

Ensalada de trigo bulgur con menta y limón

Para 4 porciones:

$^1/_4$ de taza de trigo bulgur

1 taza de maíz baby dulce

3 jitomates maduros pero firmes

1 pepino de 10 cm, cortado en cubitos

2 chalotas, peladas y cortadas en trozos pequeños

Para el aderezo:

Ralladura de 1 limón

3 cucharadas de jugo de limón

3 cucharadas de menta fresca picada

2 cucharadas de perejil fresco picado

1 o 2 cucharaditas de miel clara

2 cucharadas de aceite de girasol

Sal y pimienta negra fresca molida

1   Coloque el trigo en una cacerola y cubra con agua hirviendo. Cocine a fuego lento durante 10 minutos, escurra bien y póngalo en un recipiente para servir.

2   Cueza al vapor el maíz sobre una cacerola con agua hirviendo durante 10 minutos o hasta que estén tiernos. Escurra y corte en trozos gruesos.

3   Corte una cruz en la parte superior de cada jitomate, hiérvalos hasta que sus pieles comiencen a despegarse. Retire las pieles y las semillas y córtelos en cubos pequeños.

4   Bata enérgicamente todos los ingredientes en un tazón pequeño hasta que estén bien mezclados. Cuando el trigo se haya enfriado un poco, añada todas las verduras preparadas y agregue el aderezo. Sazone al gusto con sal y pimienta, y sirva.

Pasta con calabacines, romero y limón

Para 4 porciones:

$^1/_2$ taza de pasta seca, por ejemplo, *rigatoni*
1 $^1/_2$ cucharadas de aceite de oliva extra virgen
2 dientes de ajo, pelados y finamente picados
4 calabacines medianos rebanados en rodajas finas
1 cucharada de romero fresco picado
1 cucharada de perejil fresco picado
Ralladura y el jugo de 2 limones
2 cucharadas de aceitunas negras picadas
2 cucharadas de aceitunas verdes deshuesadas y
    picadas
Sal y pimienta negra recién molida

Para adornar:

Rodajas de limón
Ramitas de romero fresco

1   Ponga una olla grande con agua salada a hervir y añada la pasta. Cocine al dente o de acuerdo con las instrucciones del paquete.

2   Mientras tanto, cuando la pasta esté casi lista, caliente el aceite en una sartén grande y agregue el ajo. Cueza a fuego medio hasta que el ajo empiece a dorarse, sin quemarlo o se amargará.

3   Añada el calabacín/*zucchini*, el romero, el perejil, la ralladura de limón y el jugo. Cocine durante tres o cuatro minutos hasta que los calabacines estén tiernos.

4   Agregue las aceitunas a la sartén y revuelva bien. Sazone al gusto con sal y pimienta y retire del fuego.

5   Escurra bien la pasta y añada a la sartén. Revuelva hasta que se mezclen bien. Decore con limón y ramitas de romero fresco y sirva inmediatamente.

Calamar con ajo y limón

Para 4 porciones:

25 g de arroz de grano largo
1 $\frac{1}{4}$ taza de caldo de pescado
225 g de calamar limpio
La cáscara de limón finamente rallada
1 diente de ajo, pelado y machacado
1 chalota, pelada y finamente picada
2 cucharadas de cilantro fresco picado
2 cucharadas de jugo de limón
Sal y pimienta negra recién molida

1 Enjuague el arroz y vacíelo en una cacerola con el caldo. Póngalo a hervir, tape y cocine a fuego lento durante 10 minutos. Apague el fuego y deje la sartén mientras cocina el calamar.

2 Extraiga los tentáculos de los calamares y resérvelos.

3 Corte la cavidad del cuerpo por la mitad, con un cuchillo pequeño y afilado, marque el interior del cuerpo en forma de diamante. No lo atraviese.

4 Mezcle la ralladura de limón, el ajo machacado y la chalota picada juntos.

5 Coloque los calamares en un plato hondo sobre la mezcla de limón y revuelva.

6 Caliente una sartén acanalada o parrilla hasta casi ahumar. Cocine el calamar durante tres o cuatro minutos hasta que esté cocido, y rebane.

7 Espolvoree con el cilantro y el jugo de limón. Sazone al gusto con sal y pimienta. Escurra el arroz y sirva inmediatamente con el calamar.

Salmón a las brasas y *linguini* de limón

Para 4 porciones:

4 filetes de salmón pequeños sin piel
2 cucharaditas de aceite de girasol
$^1/_4$ de cucharadita de pimienta mixta triturada
  o negra en grano
400 g de *linguini*
1 cucharada de mantequilla sin sal
1 manojo de cebollas primavera cortadas y trituradas
1 $^1/_4$ tazas de crema agria
Ralladura de un limón
$^1/_2$ taza de queso parmesano rallado
1 cucharada de jugo de limón
Pizca de sal

Para adornar:

Ramitas de eneldo
Rodajas de limón

1   Cepille los filetes de salmón con el aceite de girasol, espolvoree con granos de pimienta machacados, presione con firmeza y reserve.

2   Hierva agua ligeramente salada. Añada el *linguini* y cocine de acuerdo con las instrucciones del paquete o hasta que estén al dente.

3   Derrita la mantequilla en una cacerola y cocine los cebollines hasta que estén blandos. Agregue la crema agria, la ralladura de limón y retire del fuego.

4   Precaliente una sartén acanalada, parrilla o sartén de base pesada. Ponga el salmón y dore durante uno o dos minutos por cada lado. Retírelo y deje que se enfríe ligeramente.

5   Ponga la salsa de crema agria a hervir y revuelva con el queso parmesano y el jugo de limón. Escurra la pasta completamente y vacíela en la olla, agregue la salsa y mezcle suavemente para cubrirla. Sirva la pasta con los filetes encima, ramitas de eneldo y rodajas de limón.

Arroz con pollo al limón

Para 4 porciones:

2 cucharadas de aceite de girasol
4 piernas de pollo
1 cebolla mediana, pelada y picada
1 o 2 dientes de ajo, pelados y machacados
1 cucharada de curry en polvo
2 cucharadas de mantequilla
$^1/_3$ de taza de arroz blanco de grano largo
1 limón, preferible sin cera, en rodajas
2 $^1/_4$ tazas de caldo de pollo
Sal y pimienta negra recién molida
2 cucharadas de almendras tostadas y fileteadas
Ramitas de cilantro fresco para adornar

1   Precaliente el horno a 180 °C, aproximadamente unos 10 minutos. Caliente el aceite en
    una sartén grande, agregue las piernas de pollo y cocine, déle vueltas por todas partes,
    hasta que se doren. Con una cuchara ranurada, retire de la sartén y reserve.

2   Agregue la cebolla y el ajo al aceite restante en la sartén y cocine hasta que empiecen a
    dorarse. Espolvoree con el curry y cocine, revolviendo durante un minuto más. Regrese
    el pollo a la sartén y revuelva bien, retire del fuego.

3   Derrita la mantequilla en una cacerola grande. Añada el arroz y cocine, revolviendo
    hasta cubrir los granos con la mantequilla derretida y luego retire del fuego.

4   Revuelva las rodajas de limón en la mezcla de pollo; a continuación, con una cuchara
    ponga la mezcla sobre el arroz. Sazone al gusto con sal y pimienta. Cubra con una tapa
    hermética y cueza en el horno precalentado por 45 minutos o hasta que el arroz esté
    tierno y el pollo bien cocido. Sirva con almendras espolvoreadas.

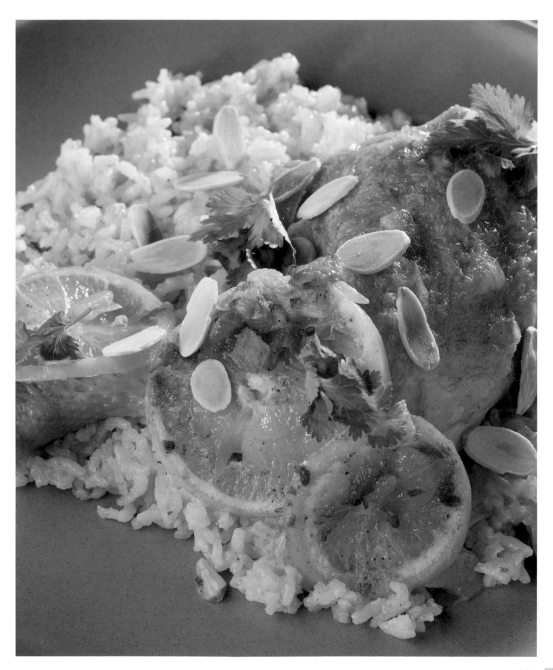

Pollo al limón con papas, romero y aceitunas

Para 6 porciones:

12 muslos de pollo sin piel y sin hueso
1 limón grande
$\frac{1}{2}$ taza de aceite de oliva extra virgen
6 dientes de ajo, pelados y rebanados
2 cebollas, peladas y en rodajas finas
Manojo de romero fresco
1 kg de papas (unas 5 medianas), peladas y
   cortadas en trozos de 4 cm
Sal y pimienta negra recién molida
18 a 24 aceitunas negras sin hueso

Para acompañar:

Zanahorias al vapor
Calabacines al vapor

1   Precaliente el horno a 200 °C, 15 minutos antes de hornear. Recorte los muslos de pollo y colóquelos en una bandeja grande para mantenerlos en una sola capa al horno.

2   Retire la cáscara del limón con un rallador o corte en juliana fina. Reserve la mitad y añada el resto al pollo. Exprima el jugo de limón sobre el pollo, revuelva bien y deje reposar durante 10 minutos. Añada la ralladura de limón restante, aceite de oliva, ajo, cebolla y la mitad del romero. Mezcle y deje actuar durante 20 minutos.

3   Cubra las papas con agua ligeramente salada y póngalas a hervir. Cocine durante dos minutos, escurra bien y añada al pollo. Sazone al gusto con sal y pimienta. Ase el pollo en el horno precalentado, dándole vuelta con frecuencia hasta que el pollo esté cocido.

4   Justo antes del final del tiempo de cocción, retire el romero y añada romero fresco, aceitunas y revuelva. Sirva inmediatamente con las verduras al vapor.

Pollo al limón con albahaca y *linguini*

Para 4 porciones:

Ralladura y el jugo de un limón grande
2 dientes de ajo, pelados y machacados
3 cucharadas de albahaca con aceite de oliva extra
    virgen
4 cucharadas de albahaca fresca picada
Sal y pimienta negra recién molida
450 g de pechuga de pollo sin hueso y sin piel,
    cortada en trozos pequeños
1 cebolla, pelada y finamente picada
3 tallos de apio, cortados en rodajas finas
1 $^1/_2$ tazas de hongos cortados a la mitad
2 cucharadas llanas de harina para todo uso
$^2/_3$ de taza de vino blanco
$^2/_3$ de taza de caldo de pollo
4 a 6 tazas de *linguini*

Para adornar:

Ralladura de limón y hojas de albahaca fresca

1   Mezcle la ralladura de limón y el jugo, el ajo, la mitad del aceite y de la albahaca, sal
    y pimienta en un tazón. Agregue el pollo y mezcle. Deje reposar una hora, revolviendo.

2   Caliente el aceite restante en una sartén grande antiadherente, agregue la cebolla y
    cocine hasta que esté ligeramente suave. Escurra el pollo y agregue a la sartén,
    reservando la marinada. Cocine el pollo hasta que esté dorado, agregue el apio y
    los champiñones y cocine durante otros dos o tres minutos.

3   Espolvoree con harina y revuelva con el pollo y las verduras. Incorpore el vino hasta
    formar una gruesa salsa, añada el caldo y la marinada. Póngalo a hervir, revolviendo
    constantemente. Tape y cocine a fuego lento durante 10 minutos, luego agregue
    la albahaca restante.

4   Mientras, ponga a hervir agua ligeramente salada, añada el *linguini* y cocine a fuego
    lento hasta que esté al dente. Escurra bien y vacíelo en un tazón grande, vierta encima
    la salsa y decore con la ralladura de limón y las hojas de albahaca fresca. Sirva
    inmediatamente.

Pollo al limón salteado

Para 4 porciones:

350 g de pechuga de pollo sin hueso
1 clara de huevo
5 cucharaditas de fécula de maíz
3 cucharadas de aceite vegetal o de cacahuate
$^2/_3$ de taza de caldo de pollo
2 cucharadas de jugo de limón
2 cucharadas de salsa de soya light
1 cucharada de arroz chino o jerez seco
1 cucharada de azúcar
2 dientes de ajo, pelados y finamente picados
$^1/_4$ de cucharadita de hojuelas de chile seco, o al
gusto

Para adornar:

Tiras de cáscara de limón
Rodajas de chile rojo

1   Corte el pollo, eliminando la grasa, y haga tiras delgadas de 5 cm de largo y 1 cm de ancho. Coloque en un plato llano. Bata ligeramente la clara de huevo y una cucharada de harina de maíz. Vierta sobre las tiras de pollo y mezcle hasta cubrir uniformemente. Marine en el refrigerador por lo menos 20 minutos.

2   Cuando esté listo para cocinar, escurra el pollo y reserve. Caliente una sartén grande, agregue el aceite y, cuando esté caliente, añada el pollo y saltee hasta que el pollo esté blanco. Con una cuchara ranurada, retire de la sartén y reserve.

3   Limpie la sartén y póngala al fuego. Añada el caldo de pollo, jugo de limón, salsa de soya, arroz chino, vino o jerez, azúcar, ajo y hojuelas de chile y póngalos a hervir. Mezcle la harina restante con una cucharada de agua y revuelva. Cocine a fuego lento durante un minuto.

4   Regrese el pollo a la sartén y cocine a fuego lento hasta que el pollo esté tierno y la salsa espesa. Decore con tiras de limón, rodajas de chile rojo y sirva.

Pasteles y postres

Existe una gran cantidad de postres con sabor a limón, incluso se usa simplemente con panqueques, pudín de arroz, pastel de queso y helado o sorbete de limón, pues su sabor surge a través de cualquier otro sabor fuerte. Siempre es bueno terminar la comida con algo ligero y refrescante como el limón. El limón funciona bien con el azúcar y por eso es tan eficaz para merengues y tartas, por no hablar de deliciosos pasteles y glaseados. ¡Qué increíble que puede ser tan delicioso y benéfico para todos!

Pastelillo con llovizna de limón

Para 12 porciones:

$^2/_3$ de taza de mantequilla, derretida
$^3/_4$ de taza de azúcar superfina
3 huevos grandes, batidos
$^1/_3$ de taza de harina con levadura
$^1/_2$ cucharadita de polvo para hornear
1 limón

Para decorar:

1 limón
$^1/_4$ de taza de azúcar superfina

1   Precaliente el horno a 180 °C y prepare una charola de 12 espacios con los capacillos.
2   Coloque la mantequilla, el azúcar y los huevos en un tazón, y cierna la harina y el polvo para hornear. Ralle finamente la cáscara de limón en el recipiente.
3   Bata durante unos dos minutos, de preferencia con una batidora eléctrica hasta que esté pálida y esponjosa. Coloque la mezcla en los capacillos de papel y hornee durante 25 minutos hasta que esté firme y dorada. Enfríe sobre una rejilla.
4   Para el relleno, corte la cáscara del otro limón en tiras finas y reserve. Exprima el jugo de limón en una cacerola pequeña. Añada el azúcar y caliente hasta disolverla. Agregue las tiras de cáscara y enfríe ligeramente. Vierta el jarabe y las tiras de limón sobre los pastelitos mientras estén calientes. Deje enfriar.

Pastelillos de jengibre y limón

Para 18 porciones:

8 cucharadas de jarabe de maíz dorado
$^1/_2$ taza (1 barra) de margarina
2 tazas rasas de harina para todo uso
2 cucharaditas de jengibre molido
75 g de pasas doradas
$^1/_3$ de taza de azúcar morena
$^3/_4$ de taza de leche
1 cucharadita de polvo para hornear
1 huevo batido

Para decorar:

$^1/_4$ de azúcar glass
1 cucharadita de jugo de limón
Piezas de jengibre glaseados/confitados

1   Precaliente el horno a 180 °C . Prepare dos bandejas poco profundas para panecillos
    con 18 capacillos de papel.

2   Coloque el jarabe y la margarina en una cacerola para que se fundan. Revuelva la harina
    y el jengibre en un recipiente, añada las pasas y el azúcar. Caliente la leche y revuelva en
    el polvo para hornear.

3   Vierta la mezcla de jarabe, la leche y el huevo batido en los ingredientes secos y bata
    hasta que quede suave. Vierta la mezcla en una jarra.

4   Ponga dos cucharadas de la mezcla en cada papel. Hornee durante 30 minutos. Enfríe
    en los moldes durante 10 minutos y luego sobre una rejilla.

5   Para decorar, mezcle el azúcar glass con el jugo de limón y una cucharada de agua tibia.
    Rocíe sobre la parte superior de cada pastelito, luego, cubra con las piezas de jengibre
    confitado. Deje reposar durante 30 minutos.

Pastelillos de limón y cardamomo con cubierta de mascarpone

Para 12 porciones:

1 cucharadita de semillas de cardamomo
1 ¹/₄ barras de mantequilla
¹/₂ taza rasa de harina para todo uso
2 tazas escasas de harina con levadura
1 cucharadita de polvo para hornear
1 taza de azúcar superfina
Ralladura de 1 limón
3 huevos
¹/₃ de taza de yogur natural
4 cucharadas de cuajada de limón

Para decorar:

250 g de mascarpone
6 cucharadas de confitado/azúcar glass
1 cucharadita de jugo de limón
Tiras de cáscara de limón

1 Precaliente el horno a 180 °C. Prepare una charola para 12 pastelitos con capacillos de papel. Machaque las semillas de cardamomo. Derrita la mantequilla y deje enfriar.

2 Cierna las harinas y el polvo de hornear en un tazón y agregue las semillas, el azúcar y la ralladura de limón. En otro tazón, mezcle los huevos y el yogur. Vierta la mezcla en los ingredientes secos con la mantequilla derretida fría y bata hasta integrar.

3 Divida la mitad de la mezcla entre los capacillos de papel, ponga una cucharadita de crema de limón en cada uno, cubra con la mezcla restante. Hornee hasta que estén dorados.

4 Para el relleno, bata el mascarpone con el azúcar glass y el jugo de limón. Coloque encima en cada pastelillo y cúbralos con tiras de limón. Cómalos frescos el día de la cocción, una vez decorados, y añada el relleno justo antes de servir.

Galletas de mantequilla de limón

Para 14 a 18 piezas:

1 ½ barras de mantequilla ablandada
⅓ de taza de azúcar superfina
½ taza rasa de harina para todo uso
75 g de harina de maíz
Cáscara de 1 limón finamente rallada
2 cucharadas de azúcar en polvo para decorar

1   Precaliente el horno a 170 °C. Engrase dos charolas para hornear. Coloque la mantequilla en un tazón y bata junto con el azúcar hasta que esté suave y esponjosa.

2   Cierna la harina y la maicena, añada la ralladura de limón y mezcle con una punta plana para formar una masa suave.

3   Coloque la masa sobre una superficie ligeramente enharinada, amasar ligeramente. Use cortadores de galletas para cortar formas de fantasía, vuelva a amasar los recortes para hacer más galletas. Levante con cuidado cada galleta con una espátula y colóquela en una bandeja para hornear, luego pinche ligeramente con un tenedor.

4   Hornee de 12 a 15 minutos. Enfríe en la bandeja del horno durante cinco minutos, después, coloque sobre una rejilla. Una vez completamente fríos, espolvoree con azúcar en polvo.

Sorpresa de limón

Para 4 porciones:

6 cucharadas de margarina baja en grasa
1 taza rasa de azúcar en polvo
3 huevos separados
$^2/_3$ de taza de harina con levadura
$^3/_4$ de taza de leche semidescremada
Jugo de 2 limones
Jugo de 1 naranja
2 cucharaditas de azúcar glass
Ralladura de limón, para decorar
Fresas en rodajas, para servir

1   Precaliente el horno a 190 °C. Engrase un plato profundo para hornear.

2   Bata la margarina y el azúcar hasta que esté pálida y esponjosa. Añada las yemas, una a la vez, con una cucharada de harina y bata bien después de cada adición. Revuelva la harina restante. Agregue la leche, cuatro cucharadas de jugo de limón y tres de jugo de naranja.

3   Bata las claras de huevo a punto de nieve y agregue a la mezcla de leche con una cuchara o una espátula hasta que se integren. Vierta en el plato preparado.

4   Coloque el plato en una sartén y vierta suficiente agua hirviendo que llegue a la mitad de los lados del plato. Hornee por 45 minutos, o hasta que esté esponjoso.

5   Retire el postre del horno y espolvoree con azúcar glass. Decore con la ralladura de limón y sirva inmediatamente con fresas.

Panna cotta de vainilla y limón, con salsa de frambuesa

Para 6 porciones:

³/₄ de taza de nata
1 vaina de vainilla, dividida
¹/₂ taza rasa de azúcar extrafina
Ralladura de 1 limón
3 charolas de gelatina
5 cucharadas de leche
3 tazas de frambuesas
3-4 cucharadas de azúcar glass, al gusto
1 cucharada de jugo de limón
Ralladura de limón extra, para decorar

1   Ponga la crema, la vainilla y el azúcar en un cazo. Hierva hasta que esté ligeramente reducida, revolviendo. Retire del fuego, agregue la ralladura de limón y retire la vainilla.

2   Remoje la gelatina en la leche hasta que se ablande. Quite cualquier exceso de leche y agregue a la crema caliente. Revuelva bien hasta que se disuelva.

3   Vierta la mezcla de crema en seis moldes individuales o minimoldes de budín y deje en el refrigerador hasta que cuaje.

4   Mientras tanto, ponga 1 ¹/₂ tazas de frambuesas en un procesador de alimentos con el azúcar glass y el jugo de limón. Mezcle el puré y luego cierna. Incorpore las frambuesas restantes con una cuchara o una espátula y enfríe en la nevera hasta el momento de servir.

5   Para servir, sumerja cada uno de los moldes en agua caliente durante unos segundos, luego sirva en seis platos individuales. Vierta un poco de salsa de frambuesa encima y alrededor de la *panna cotta*, decore con ralladura de limón extra.

Pastel de limón con merengue

Para 4 a 6 porciones:

$^1/_2$ taza de harina para todo uso con una
   pizca de sal
40 g de manteca o grasa vegetal blanca
3 cucharadas de mantequilla o de
   margarina en barra

Para el relleno:

Ralladura y jugo de 2 limones
$^1/_3$ de taza de azúcar granulada
1 $^1/_4$ tazas de agua
$^1/_3$ de taza de harina de maíz
2 yemas de huevos

Para la cubierta:

2 claras de huevo
$^2/_3$ de taza de azúcar superfino

1   Precaliente el horno a 200 °C y coloque una charola en el horno. Cierna la harina y
    la sal en un tazón o un procesador de alimentos y agregue la mantequilla. Frote con
    los dedos, hasta que la mezcla parezca migas finas. Mezcle de dos a tres cucharadas de
    agua fría, luego amase hasta que quede suave. Engrase un molde de estaño para flan
    o para tarta redonda de 20.5 cm. Estire la masa sobre una superficie ligeramente
    enharinada. Enfríe por 30 minutos, mientras prepara el relleno.

2   Ponga la ralladura y el azúcar granulado en una sartén con 1 $^1/_4$ tazas de agua en una
    cacerola sobre fuego lento y revuelva hasta que el azúcar se disuelva completamente.
    Mezcle la harina de maíz con el jugo de limón hasta formar una pasta suave, luego
    agregue a la cacerola y deje hervir, moviendo todo el tiempo. Hierva durante dos
    minutos, retire del fuego y bata las yemas de huevo. Deje enfriar.

3   Pinche la pasta, cubra con papel para hornear. Coloque en la bandeja y hornee por
    10 minutos. Retire del horno y saque el papel. Hornee durante 10 minutos. Retire
    del horno, vierta el relleno de limón dentro del molde de pastel y reserve. Reduzca
    la temperatura del horno a 150 °C.

4   Bata las claras de huevo en un recipiente limpio y seco hasta que esponjen bien.
    Incorpore poco a poco la mitad del azúcar en polvo, luego repita con el resto. Extienda
    sobre el relleno, cubra la parte superior y las orillas. Hornee durante 30 minutos hasta
    que el merengue se dore. Deje asentar durante 20 minutos antes de servir.

Tarta de limón y queso de cabra

Para 4 porciones:

Para la masa:

1 barra de mantequilla, en trozos pequeños
2 tazas de harina para todo uso
Pizca de sal
$^1/_3$ de taza de azúcar extrafina
1 yema de huevo

Para el relleno:

$^1/_2$ taza de queso de cabra fresco
3 huevos batidos
$^3/_4$ de taza de azúcar superfina
Ralladura y el jugo de 3 limones
$^1/_4$ de taza de nata
Frambuesas frescas para decorar

1   Precaliente el horno a 200 °C por 15 minutos. Revuelva la mantequilla con la harina y la sal hasta que parezca pan rallado, luego agregue el azúcar. Bata la yema de huevo con 2 cucharadas de agua fría y añada a la mezcla. Integre los ingredientes hasta formar una pasta, luego ponga la masa sobre una superficie ligeramente enharinada y amase hasta que quede suave. Enfríe en el refrigerador durante 30 minutos.

2   Extienda una capa fina de la masa sobre una superficie ligeramente enharinada y utilice un molde estriado para tarta de 4 cm de profundidad. Meta al refrigerador durante 10 minutos. Cubra el molde con papel encerado o papel de aluminio y meta durante 10 minutos al horno precalentado; retire el papel. Métalo al horno por otros 12 a 15 minutos hasta que esté cocido. Deje enfriar un poco y luego reduzca la temperatura del horno a 150 °C.

3   Bata el queso de cabra hasta que quede suave, después bata los huevos, el azúcar, la ralladura de limón y el jugo. Añada la nata y mezcle bien. Vierta el queso en el molde y métalo al horno durante 30 minutos. Si comienza a ponerse marrón o a hincharse, abra la puerta del horno durante dos minutos. Reduzca la temperatura a 120 °C y déjela enfriar en el horno. Meta al refrigerador hasta que esté frío. Decore y sirva con frambuesas frescas.

Mousse de chocolate y limón

Para 4 porciones:

3 tallos de hierba de limón, sin hojas
³/₄ de taza de leche
2 láminas de gelatina
150 g de chocolate de leche en pedazos pequeños
2 yemas de huevo
¹/₄ de taza de azúcar superfina
²/₃ de taza de nata
Jugo de 2 limones
1 cucharada de azúcar extrafina
Ralladura de limón, para decorar

1   Use una cuchara de madera para magullar la hierba de limón, luego corte por la mitad.
    Vierta la leche en una cacerola grande, agregue la hierba y ponga a hervir. Retire del
    fuego, deje en infusión una hora y cuele. Coloque la gelatina en un plato plano, cubra con
    agua fría durante 15 minutos. Escurra el exceso de humedad antes de su uso.

2   Coloque el chocolate en un tazón pequeño, métalo en un cazo con agua a fuego lento
    y deje que se derrita. Asegúrese de que el agua no entre al tazón.

3   Bata las yemas de huevo con el azúcar hasta que espese, después añada la leche
    saborizada. Vierta la mezcla en una cacerola limpia y cocine a fuego lento, revolviendo
    constantemente, hasta que la mezcla comience a espesar. Retire del fuego, agregue
    el chocolate derretido y la gelatina, deje enfriar durante unos minutos.

4   Bata la nata hasta formar picos suaves, luego añada la leche fría para formar espuma.
    Coloque la mezcla en moldes individuales y deje en la nevera hasta que cuaje.

5   Vierta el jugo de limón en una cacerola pequeña, ponga a hervir, luego cocine a fuego
    lento hasta que se reduzca. Añada el azúcar y caliente hasta que se disuelva. Sirva el
    mousse rociado con la salsa de limón y decorado con una cáscara de limón.

Hogaza de maple, pecan y limón

Corte en 12 rebanadas

³/₄ de taza de harina para todo uso
1 cucharadita de polvo para hornear
1 ¹/₂ barras de mantequilla, cortadas en cubitos
¹/₃ de taza de azúcar superfina
¹/₄ de taza de nueces pecan en trozos grandes
3 huevos
1 cucharada de leche
Cáscara finamente rallada de 1 limón
5 cucharadas de jarabe de maple

Para el glaseado:

³/₄ de taza de azúcar glass
1 cucharada de jugo de limón
¹/₄ de taza de nueces picadas

1   Precaliente el horno a 170 °C, 10 minutos antes de hornear. Engrase ligeramente y forre la base de un molde de estaño para 900 g con papel de horno antiadherente.

2   Cierna la harina y el polvo para hornear en un tazón grande. Frote con la mantequilla hasta que la mezcla parezca pan rallado fino. Revuelva con las nueces y el azúcar.

3   Bata los huevos con la leche y la ralladura de limón. Agregue el jarabe de maple. Añada los ingredientes secos y revuelva suavemente hasta que se mezcle a fondo para hacer una consistencia de suave caída.

4   Vierta la mezcla en el molde preparado y nivele la parte superior con el dorso de una cuchara. Hornee en el estante medio del horno precalentado hasta que el pastel esté bien esponjado y ligeramente dorado. Si inserta un palillo en el centro y sale limpio, el pastel está listo. Deje el pastel en el molde durante 10 minutos, luego sáquelo y deje enfriar sobre una rejilla. Retire con cuidado el papel.

5   Cierna el azúcar glass en un tazón pequeño y agregue el jugo de limón. Rocíe el glaseado sobre la barra de pan y esparza las nueces picadas. Deje reposar, rebane grueso y sirva.

Barras de limón

24 porciones

$^1/_2$ taza de harina para todo uso
$^1/_2$ taza (1 barra) de mantequilla
$^1/_4$ de taza de azúcar superfina
2 cucharadas rasas de harina para todo uso
$^1/_2$ cucharadita de polvo para hornear
$^1/_2$ cucharadita de sal
2 huevos ligeramente batidos
Jugo y la ralladura fina de 1 limón
Azúcar glass para decorar

1   Precaliente el horno a 170 °C, 10 minutos antes de hornear. Engrase ligeramente y forre un molde de estaño de 20.5 cm con papel encerado o papel para hornear.

2   Frote la harina y la mantequilla hasta que la mezcla parezca pan rallado. Agregue cuatro cucharadas de azúcar en polvo y mezcle. Ponga la mezcla en el molde preparado y presione hacia abajo firmemente. Cueza en el horno precalentado durante 20 minutos hasta que tenga un dorado pálido.

3   Mientras tanto, en un procesador de alimentos, mezcle el resto del azúcar, la harina, el polvo para hornear, la sal, los huevos, el jugo de limón y la ralladura hasta que quede suave. Vierta sobre la base preparada.

4   Meta al horno y hornee durante otros 20 o 25 minutos o hasta que esté casi listo, pero todavía un poco inestable en el centro. Retire del horno y deje enfriar en el molde sobre una rejilla. Espolvoree con azúcar glass y corte en cuadros. Sirva frío y guarde en un recipiente hermético.

Pastel de queso sultana y limón horneado

Corte en 10 rebanadas

1 ⅓ tazas de azúcar extrafina
4 cucharadas de mantequilla
½ taza de harina con levadura
½ cucharadita de polvo para hornear
5 huevos
2 tazas de queso crema
⅓ de taza de harina para todo uso
Ralladura de 1 limón
3 cucharadas de jugo de limón fresco
⅔ de taza de crema agria
½ taza de pasas doradas

Para decorar:
1 cucharada de azúcar glass
Grosellas negras frescas o arándanos y hojas de menta

1   Precaliente el horno a 170 °C. Engrase un molde para pastel redondo de 20.5 cm, forre con papel de aluminio. Bata ¼ de taza de azúcar y la mantequilla hasta que esté ligera y cremosa, luego añada la harina con levadura, el polvo para hornear y un huevo. Mezcle hasta obtener una mezcla homogénea. Colóquela en el molde y extiéndala sobre la base. Separe los cuatro huevos restantes y reserve.

2   Mezcle el queso en un procesador de alimentos hasta que esté blando. Añada poco a poco las yemas y el azúcar y mezcle hasta que quede suave. Ponga en un tazón la harina, la ralladura y el jugo. Mezcle antes de añadir la crema agria y las pasas.

3   Bata las claras de huevo a punto de nieve, incorpore en la mezcla de queso y vierta en el molde. Golpee ligeramente sobre la superficie de trabajo para eliminar cualquier burbuja de aire. Hornee hasta que esté dorado y firme. Cubra ligeramente si se dora demasiado. Apague el horno y deje reposar para que se enfríe durante dos o tres horas. Retire la tarta del horno. Cuando esté completamente fría, retire el aluminio. Espolvoree con azúcar glass, decore con grosellas o arándanos y menta.

Pudín de limón
y albaricoque

Para 4 porciones:

1 taza de albaricoques secos
3 cucharadas de jugo de naranja, calentado
4 cucharadas de mantequilla
$^2/_3$ de taza de azúcar superfina
El jugo y la ralladura de 2 limones
2 huevos separados
1 taza rasa de harina con levadura
$^1/_4$ de taza de leche
Flan o crema fresca para servir

1   Precaliente el horno a 180 °C. Engrase un molde para pastel de 1.2 litros. Remoje los
    albaricoques en el jugo de naranja hasta que la mayor parte del jugo se haya absorbido
    y póngalo en la base del plato de pastel.

2   Bata la mantequilla y el azúcar con la ralladura de limón hasta que esté suave y
    esponjosa, después bata las yemas de huevo en la mezcla de crema con una cucharada
    de harina después de cada adición. Agregue la harina restante y bata hasta que quede
    suave. Revuelva la leche y el jugo de limón en la mezcla de crema.

3   Bata las claras de huevo en un tazón hasta que estén firmes y en picos. Incorpore a
    la mezcla con una cuchara o una espátula. Viértala en el plato preparado y coloque en
    una bandeja para hornear con agua fría suficiente para llegar hasta la mitad de los lados
    del plato.

4   Meta al horno precalentado durante 45 minutos, o hasta que la esponja esté firme y
    dorada. Retire del horno. Sirva inmediatamente con la crema o nata fresca.

Tartaletas de chocolate con limón

Para 10 porciones:

Para la masa de chocolate:

1 barra de mantequilla sin sal, suavizada
$^1/_3$ de taza de azúcar en polvo
2 cucharaditas de extracto de vainilla
1 $^1/_3$ tazas copeteadas y cernidas de harina para todo uso
$^1/_2$ taza de cacao en polvo (sin azúcar)

Para el relleno:

$^3/_4$ de taza de nata
175 g de chocolate negro semidulce, picado
2 cucharadas de mantequilla, cortada en cubitos
1 cucharadita de extracto de vainilla
1 taza de cuajada de limón
1 taza de crema preparada
1 taza de crema ligera
$^1/_2$–1 cucharadita de extracto de almendra

Para decorar:

Chocolate rallado
Almendras tostadas en copos

1   Para la masa de hojaldre, mezcle la mantequilla, el azúcar y el extracto de vainilla en un procesador de alimentos hasta que quede cremoso. Añada la harina y el cacao en polvo hasta obtener una masa suave. Envuelva en papel film y meta al refrigerador por una hora.

2   Precaliente el horno a 200 °C, 15 minutos antes de hornear. Enrolle la masa de hojaldre preparada sobre una superficie ligeramente enharinada y utilice moldes para tartaletas de 7.5 cm. Coloque un pedazo pequeño de papel de aluminio y hornee por 12 minutos en el horno precalentado. Retire del horno y deje enfriar.

3   Ponga la crema a hervir, retire del fuego y añada el chocolate. Revuelva hasta que quede suave. Bata el extracto de vainilla y la mantequilla, vierta en las tartaletas y deje enfriar.

4   Bata la crema de limón hasta que esté blanda y ponga una capa gruesa sobre el chocolate en cada tartaleta. No enfríe en el refrigerador.

5   Coloque la crema preparada en un tazón grande y bata poco a poco la nata y el extracto de almendras hasta que quede suave y líquido. Para servir, vacíe un poco de salsa de crema en un plato y coloque una tartaleta en el centro. Espolvoree con el chocolate y las almendras ralladas.

Tarta con llovizna de limón

Corte en 16 cuadros

¹/₂ taza (1 barra) de mantequilla o margarina
1 taza rasa de azúcar en polvo
2 huevos
¹/₂ taza de harina con levadura
2 limones, preferiblemente sin cera
¹/₄ de taza de azúcar granulada

1   Precaliente el horno a 180 °C, 10 minutos antes de hornear. Engrase ligeramente y forre la base de un molde para pastel de estaño de 18 cm con papel para hornear.

2   En un tazón grande, bata la mantequilla o margarina y azúcar en polvo hasta que esté suave y esponjosa.

3   Bata los huevos, añada poco a poco a la mezcla cremosa, agregue una cucharada de harina después de cada huevo.

4   Ralle finamente la cáscara de uno de los limones y revuelva en la mezcla de crema, batiendo bien hasta que quede suave. Exprima el jugo de limón, luego añada a la mezcla. Coloque la mezcla en el molde preparado al nivel de la superficie y hornee por 25 o 30 minutos con el horno precalentado.

5   Usando un rallador, retire la cáscara del último limón y mezcle con 25 g de azúcar granulada y reserve.

6   Exprima el jugo en una cacerola pequeña. Añada el resto del azúcar granulado al jugo de limón y caliente con flama baja, revuelva ocasionalmente. Cuando el azúcar se haya disuelto, cocine a fuego lento durante tres o cuatro minutos, hasta hacerlo jarabe.

7   Pinche el pastel con un palillo, para permitir que el jarabe penetre, después espolvoree la ralladura de limón y el azúcar sobre la parte superior de la tarta, llovizne el jarabe y deje enfriar en el molde. Corte el pastel en cuadros y sirva.

Pastel de coco y limón

Corte en 10-12 rebanadas

$^1/_2$ taza de harina para todo uso
2 cucharadas de harina de maíz
1 cucharada de polvo para hornear
1 cucharadita de sal
$^1/_2$ taza de manteca o margarina suave
1 $^1/_3$ tazas de azúcar extrafina
Ralladura de 2 limones
1 cucharadita de extracto de vainilla
3 huevos
$^2/_3$ de taza de leche
4 cucharadas de malibú u otro ron blanco
450 g de cuajada de limón
Ralladura de limón, para decorar

Para el glaseado:

$^1/_3$ de taza de azúcar superfina
$^1/_2$ taza de agua
1 cucharada de glucosa
$^1/_4$ de cucharadita de sal
1 cucharadita de extracto de vainilla
3 claras de huevos
$^1/_2$ taza de coco rallado

1 Precaliente el horno a 180 °C. Engrase ligeramente y enharine dos moldes para pastel de 20.5 cm. Cierna la harina, la maicena, el polvo para hornear y la sal en un tazón grande y agregue la manteca o margarina, el azúcar, la ralladura de limón, el extracto de vainilla, los huevos y la leche. Bata a velocidad baja, hasta que esté bien mezclado, agregue más leche si la mezcla está espesa. Aumente la velocidad a media y bata durante dos minutos. Divida la mezcla entre los moldes y alise la parte de arriba de manera uniforme. Hornee de 20 a 25 minutos o hasta que las tortas se sientan firmes. Retire del horno y deje enfriar antes de desmoldar.

2 Ponga todos los ingredientes para el glaseado, excepto el coco, en un recipiente resistente al calor colocado sobre un cazo con agua hirviendo. Con una batidora eléctrica, mezcle los ingredientes incrementando de velocidad baja a alta durante siete minutos hasta que las claras estén rígidas y brillantes. Retire el recipiente del fuego y siga batiendo hasta que se enfríe. Cubra con papel film.

3 Con un cuchillo de sierra, divida el pastel en capas horizontales por la mitad y rocíe cada sección con ron. Unte los pasteles con la crema de limón y presione ligeramente. Cubra la parte superior y los lados con el glaseado, girando y en pico en la parte superior. Espolvoree el coco sobre el pastel y presione suavemente hacia los lados para cubrirlo. Decore con ralladura de limón y sirva.

Diversión de limón

Consejos alimonados para niños

A pesar de sus usos culinarios, medicinales y domésticos, no hay razón para que el limón no pueda ser también diversión pura. Es genial para una gran cantidad de emocionantes proyectos de ciencia, así como sabrosos experimentos para hacer pleno uso de las increíbles propiedades de cada parte del limón. Desde la creación de polvo efervescente hasta la fabricación de simples baterías de limón, este fruto revela su versatilidad y muestra su lado divertido en estos proyectos interesantes para los niños.

Diversión con limones

Hacer tinta invisible

Utilice el jugo de limón para escribir, pero no revelará sus
palabras secretas. Todo lo que necesita es el jugo de un
limón y también un pincel o palillo. También puede
utilizar un bastoncillo de algodón como pincel
desechable. Sumerja el pincel en el jugo de limón y escriba algo
en una hoja de papel. Usted no verá nada, pero si mantiene
el papel a la luz solar o una bombilla de luz, el calor hará que
las palabras ocultas se revelen, ya que se torna lentamente a un color
marrón pálido. Recuerde que el jugo de limón es ácido, por lo que debilitará el papel.

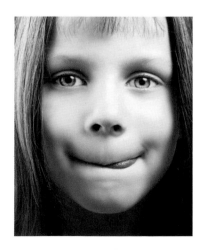

Hacer sorbete de limón

Aunque es un deleite y un proyecto para niños, es
también el brillante viaje de un adulto al pasado,
¿recuerda las fuentes de sorbete? Primero, tendrá que
hacer el polvo de sorbete, que sólo es azúcar,
bicarbonato de sodio y ácido cítrico en polvo o cristalina.
La proporción adecuada lleva dos partes de azúcar por
una parte de ácido cítrico y la mitad de una parte de
bicarbonato de sodio.

Puede hacerlo más alimonado, poniendo en su mezcla un
poco de cáscara de limón y dejándola en infusión durante

un día o dos. Para evitar que la mezcla se disuelva y haga efervescencia, seque la cáscara del limón de antemano para eliminar la humedad.

Precaución: no caiga en la tentación de exprimir el jugo de limón en su mezcla, ya que el sorbete se disolverá y efervescerá inmediatamente si entra en contacto con líquidos.

Burbujas con limón

Se trata de un proyecto científico brillante, pero asegúrese de que los niños no beban esto. Ponga una cucharadita de bicarbonato de sodio en un vaso o taza. Añada un chorrito de detergente. Si quiere burbujas de colores, añada una o dos gotas de colorante. Corte un limón por la mitad y exprima el jugo, añádalo poco a poco a la mezcla. Cuando el jugo golpee la mezcla, las burbujas se formarán y comenzarán a expandirse fuera del vidrio. Puede mantener la reacción añadiendo un poco más de bicarbonato de sodio y jugo de limón.

Experimento de la presión del limón

Para otro experimento de ciencia divertida, corte el cuello de un globo y la cáscara de un limón. Corte de una sola tajada y dele forma de un pez o de un barco. Llene una jarra con agua y coloque la cáscara de limón en ella. Estire el globo en la parte superior de la jarra y séllelo con una liga. Deje que los niños presionen suavemente el globo. A medida que lo presionan, la cáscara de limón se hunde hasta el fondo del agua. Al quitar la presión, la cáscara empezará a flotar en la superficie.

Entonces, ¿qué está sucediendo? Si usted ha llenado el tarro hasta el tope y luego la presión de la mano del niño aplasta las diminutas burbujas de aire en la cáscara de limón en el agua, esto hace que sea más pesado, por lo que se hunde. Cuando quitan la presión, el aire comienza a expandirse una vez más y la cáscara del limón flota en la superficie.

Haga una batería con un limón

Lo crea o no, un limón también se puede utilizar como una batería. De hecho, si se cablean suficientes limones juntos, pueden encender una luz de LED.

Usted necesitará:

Al menos, un limón grande, fresco y jugoso
Un clavo galvanizado (cubierto de zinc)
Una moneda de cobre

1   Empuje el clavo en un lado del limón y la moneda de cobre en el otro. Asegúrese de que no se toquen entre sí. Ha creado una batería de una celda, con el clavo y la moneda como electrodos.
El clavo de zinc es el negativo y la moneda de cobre el positivo. El jugo de limón actúa como electrolito. Conecte un voltímetro a la batería de limón de una sola celda y detectará una ligera tensión eléctrica.

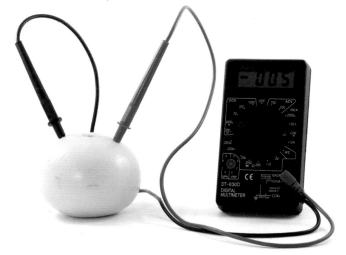

2. Necesitará alrededor de cuatro baterías de limón para poder alimentar un LED. Para encender un LED, use cable de cobre para conectar el positivo con el negativo de cada una de las celdas de limón. Conecte el LED usando alambre de cobre. Usted tendrá que conectar el clavo con zinc con la primera batería de limón y la moneda de cobre con la última. Su resplandor será débil y dependerá de la calidad del cobre, del zinc y del alambre.

Haga que sus monedas brillen

Sus monedas antiguas sucias pueden transformarse en cobre brillante, sólo exprima el jugo de un limón y añada una pizca de sal. Déjelas en remojo por la noche y en la mañana se verán como recién acuñadas.

Un limón, ¿flota?

Para encontrar la respuesta, tome un limón, un recipiente con agua, un cuchillo y una tabla de cortar. Primero que los niños dejen el limón en el agua. ¿Qué sucede?; el limón flota. Ahora que lo saquen del agua y se lo entreguen. Corte en cuartos y de nuevo póngalos en el agua. ¿Qué sucede ahora?; el limón se hunde.

¿Por qué ha sucedido esto? La pulpa de limón ha absorbido el agua y ha hecho que los trozos de limón sean más pesados. Así que la piel exterior del limón es resistente al agua. ¿Por qué? Esto lo protege de las inclemencias del tiempo a medida que crece, ya que mantiene fuera la humedad para que la pulpa de limón crezca suculenta y madure en condiciones de seguridad.

Índice analítico